Bildergeschichten

über Land und Leute
in der Heimat

Bildergeschichten

© 2019 Verlag Hans Högel KG
Maximilianstraße 14, 87719 Mindelheim

Autor Maximilian Ulrich Czysz

Gestaltung Hans Högel, Katharina Egger

Bildredaktion Hans Högel, Maximilian Ulrich Czysz

Herausgeber Druckerei und Verlag Hans Högel KG

ISBN 978-3-947423-13-2

Gedruckt im Allgäu

Bildnachweise Druckerei und Verlag Hans Högel KG/Archiv Mindelheimer Zeitung, Sammlung Maximilian Ulrich Czysz, Sammlung Hermann Maier, Foto Hartmann, Kulturamt und Stadtarchiv Mindelheim, Kur- und Tourismusbetrieb Bad Wörishofen, Sammlung Alois Epple, Alf Geiger, Archiv Dr. Jessica und Ernst Striebel, Archiv August Filser, Sammlung Dr. Bernd Michael Linker, Sammlung Storchenbräu Hans Roth, Sammlung Hannes Meier, Harry Klofat, Foto Grebmer, Sammlung Hermann Jäckle, Sammlung Josef Hölzle, Sammlung Michael Scharpf, Historisches Alpenarchiv, Alpenverein, Peter Müllritter, Luis Stitzinger, Go Climb A Mountain, Theater Ulm, Stock.adobe.com, Sammlung Ludwig Schramm, Jüdisches Museum Augsburg Schwaben/Gernot Römer, National archive and records administration, Franz Xaver Lederle, Ulrich Wagner, Michael Eberhard, Stefanie Vögele/Landratsamt Unterallgäu, Krah GmbH, Karl Kleiber, Josef Müller, Marcus Merk, Scheiter, Heimertingen/Landratsamt Unterallgäu, Martin Reitmaier, Herbert Müller, Sammlung Max Trometer Zusmarshausen, Fotoarchiv Joseph Schorer/Deutsches Historisches Museum, Josef Huber, Sammlung Familie Dorn, Yva-Berlin, Sammlung Familie Wißmüller, Armin Gehret (Zeichnung), Robert Cornely Verlag, Bad Wörishofen. Trotz intensiver Recherche kann es immer passieren, das Bildrechte nicht eindeutig geklärt sind. In diesem Fall bittet der Verlag um Nachricht.

Die Heimat im Blick

In alten Bildern schlummern wahre Schätze:
Diese wollen wir entdecken und von ihnen
erzählen. Die vorliegende Sammlung ist nicht
nur bester Lesestoff. Sie hilft auch, den
eigenen Blick wieder zu schärfen. In einer
Welt der Reizüberflutung passiert es schnell,
dass wir nicht mehr genau hinschauen. Vieles
verliert sich in einer Oberflächlichkeit, die uns
entwurzelt. Die Heimat geht uns verloren. So
altmodisch der Begriff Heimat auch klingen
mag – jeder braucht sie, um sich geborgen zu
fühlen. Heimat kann ein bestimmter Ort sein,
eine Erinnerung oder auch ein Lebensgefühl.
Wir müssen die Heimat wieder mehr ins
Bewusstsein rücken.

Maximilian Ulrich Czysz
und Hans Högel

VORWORT

BILDER-
GESCHICHTEN

INHALT

BILDER-
GESCHICHTEN

KAPITEL 01

LEUTE, DIE GESCHICHTE SCHRIEBEN

Bier für die Bauern, Milch für die Kaiserin

Auf Schloss Mattsies ging es früher hoch her: Auch Romy Schneider und Roy Black feierten dort.

Als die Straße zwischen Mindelheim und Tussenhausen noch über die Anhöhe von Schloss Mattsies führte, hielten die Bauern mit ihren Gespannen gerne an: In der Gastwirtschaft genehmigten sie sich ein Bier. Gleichzeitig überkam sie beim grandiosen Panorama des Unterallgäus und der Alpenkette ein Gefühl von Stolz: Ihr Stück Heimat ist etwas besonderes. Den Fernblick genossen später auch Romy Schneider und Roy Black. Ihr Besuch im Schloss geht zurück auf einen Mann.

Landwirt und Pferdezüchter Johann Lederle aus Tussenhausen war es, der den damaligen Oberspielleiter des Augsburger Stadttheaters, Hannes Schönfelder, über die gemeinsame Leidenschaft für die Jagd kennengelernt hatte. Dem Theaterdirektor war das historische Kleinod aufgefallen. Lederle als Vorstand der Jagdgenossenschaft machte ihn mit der da-

maligen Schlossbesitzerin bekannt. Schönfelder mietete daraufhin in dem historischen Gebäude ein ganzes Stockwerk. Viele Künstler gingen aus und ein. Oft soll es hoch hergegangen sein, erinnerte sich Johann Lederle vor Jahren. „Bei den Festen spielte das Theaterorchester, und es war immer die halbe Welt da, vom Berliner Bundesrichter bis zum Schauspieler oder NCR-Generaldirektor." Auch Romy Schneider, deren Mutter Magda aus Augsburg stammte, gehörte zu den Gästen. Sie musste beeindruckt gewesen sein. Sie kam nämlich wieder und besuchte Johann Lederle auf seinem Hof. Er erinnerte sich: „Sie hat gesagt, sie möcht' einmal eine richtige,

Bildhübsch: Die junge Romy Schneider lichtete Franz Xaver Lederle aus Mindelheim (im Spiegel) ab. Der Fotograf war mit der Schauspielerin befreundet.

Der Gutshof ....

Auf dem weitläufigen Schlossgut gab es früher auch eine Brauerei. Zu ihr gehörten Winter- und Sommerkeller sowie eine Brennerei, wie in einer Anzeige zur Verpachtung im Jahr 1846 in der „Bayerischen Landbötin" beschrieben wurde. Vermutlich wurde die Wirtschaft bis zum Zweiten Weltkrieg betrieben.

Der Turm

Seine heutige Optik, die an ein verwunschenes Märchenschloss erinnert, geht auf Walter von Rougemont zurück. Er ließ das Schloss 1905 in südwestlicher Richtung durch einen Anbau erweitern, der mit Kegeldach abschließt.

Die Schlossansicht aus dem Jahr 1911 vermittelt einen Eindruck von der Größe des Gutshofs.

echte Milch frisch von der Kuh trinken. Die hab' ich für sie extra mit der Hand gemolken, und sie hat gleich einen ganzen Liter getrunken." Der pferdeverrückte spätere Weltstar kam übrigens mit dem Auto. Damit es kein Reporter entdeckt und es keine neugierigen Blicke gab, musste der Wagen in einer Scheune versteckt werden. Am Ende hätte es sonst eine Schlagzeile in der Zeitung gegeben. Vielleicht hätte sie so gelautet: „Sissi im Märchenschloss."

Die echte Sissi war übrigens nie persönlich in Mattsies. Dafür gab es einen Schriftverkehr zwischen dem Unterallgäu und Kaiserin Elisabeth von Österreich: Sie nahm nämlich mehrfach Kontakt mit dem Wasserdoktor Sebastian Kneipp auf. 1892 ließ sie den Pfarrer für Anwendungen nach München kommen. Fünf Jahre später war Kneipp nochmals gefragt. Was er der Kaiserin mit auf den Weg gab und welchen Erfolg die Kneipp'sche Lehre bei ihrer Hoheit hatte, ist nicht bekannt.

Das Schloss ist in die Jahre gekommen. 2019 stand das baufällige Gemäuer zum Verkauf.

Anführer, Feldherr, Diplomat

Georg von Frundsberg ist nicht nur der berühmteste Mindelheimer. Fast 500 Jahre nach seinem Tod hat es der Vater der Landsknechte um die ganze Welt geschafft.

Als Heldenfigur, Anführer und Diplomat ziert das Konterfei Georg von Frundsbergs hunderte Drucke und Radierungen. Sein Porträt prangt auch auf einem Schuldschein über 100 000 Mark aus der Inflationszeit. Der viel besungene Feldherr, der sich in dutzenden Schlachten beweisen musste, wird auch auf Ansichtskarten und sogar auf Sammelbildern als kraftstrotzender Anführer in der Pluderhose dargestellt. Wer will, kann Mindelheims Sohn auch im Kleinformat erwerben und ihn wieder in die Schlacht ziehen lassen. Es gibt Georg von Frundsberg als Spielzeugfigur aus Plastik. Oder als Zinnfigur, manchmal sogar im Paket mit Götz von Berlichingen. Für den hatte sich der Mindelheimer noch zu Lebzeiten eingesetzt: Götz von Berlichingen wurde nämlich 1519 im Krieg zwischen dem Schwäbischen Bund und Herzog Ulrich von Württemberg verwundet und gefangen genommen. In Heilbronn wurde er

> Über Georg von Frundsberg wurde im Dritten Reich ein Roman verfasst.

in Haft gesetzt. Nur dem Einspruch des Franz von Sickingen und Georg von Frundsbergs verdankte Götz von Berlichingen, dass er das Gefängnis im Bollwerksturm mit „ritterlicher Haft" im Gasthaus zur Krone tauschen durfte.

Georg von Frundsberg war eine besondere Erscheinung. Er zog sich bei seinen Schlachten zwar die eine oder andere Schramme zu. Aber aus der Bahn warf ihn keine Verletzung. Erst die Folgen eines Hirnschlags ließen ihn 1528 todkrank auf die Mindelburg zurückkehren, wo er starb.

Das Schwert

Das Original ist in der Hofjagd- und Rüstkammer Wien ausgestellt. Ende des 16. Jahrhunderts ließ Thomas Moll das Schwert mit einem neuen Griff versehen. Es erhielt auch eine Inschrift.

Die Künstler

Das zweieinhalb Meter hohe Standbild ist nach dem Modell von Prof. Jakob Bradl und Josef Braun gegossen worden.

Im Jahr 1903 wurde die Statue Georg von Frundsberg am Erker des Mindelheimer Rathauses eingeweiht.

Alle drei Jahre feiert Mindelheim seinen berühmten Sohn mit einem historischen Fest, das weit über die Stadtgrenzen hinaus bekannt ist.

„Es war im Jahr der Vollendung eines deutschen Meisters, jenes Großen, der den ewigen Soldaten erschaute, da er, trotz Tod und Teufel, seine einsame Straße zog." So schließt der über 750 Seiten fassende Frundsberg-Roman „Herz im Panzer". Das „Buch vom heroischen Leben" stammt aus dem Jahr 1942 und wurde von Friedrich Norfolk verfasst. Der hieß eigentlich Friedrich Soukop. Die Nationalsozialisten waren von seiner Literatur angetan: „Herz im Panzer" und der Autor wurden 1943 mit

dem Kantate-Dichterpreis Leipzig ausgezeichnet. Soukup war angeblich auch beauftragt worden, historische Stücke über die Hexenverfolgung zu schreiben. Er baute eine der größten Hexen-Dokumentationen auf, die dann irgendwann in Vergessenheit geriet. Ein Exemplar des Frundsberg-Romans,

Das Schwert von Georg von Frundsberg ist in Wien ausgestellt.

der nur noch in Antiquariaten zu bekommen ist, hatte es übrigens bis nach Südafrika geschafft. Von dort kam das Buch vor Jahren wieder nach Mindelheim zurück. Auch in Amerika ist der Name Frundsberg geläufig: Zum Beispiel werden Militärhosen und -anoraks in Tarnfarben nach ihm benannt.

Während des Zweiten Weltkriegs wurde Frundsbergs Name missbraucht: Eine Panzer-Division der SS erhielt den Namen des Mindelheimers – Frundsberg hätte sich im Grab gedreht, wenn er davon erfahren hätte. Schließlich soll er in seinen letzten Tagen der Nachwelt die Mahnung hinterlassen haben, den Frieden zu suchen und nicht den Krieg.

Am Schicksalsberg gescheitert

Der Türkheimer Alfred Drexel war das erste Todesopfer der deutschen Nanga-Parbat-Expedition 1934, die den Mythos des deutschen Schicksalsbergs begründet. Der neunthöchste Berg der Welt forderte damals zehn Menschenleben. Wie die Katastrophe ihren Lauf nahm.

Der gebürtige Türkheimer Alfred Drexel gehörte zum Kreis der Bergsteiger, die 1934 auf Geheiß der braunen Machthaber den Nanga Parbat besteigen sollten. Den Eisriesen im westlichen Himalaja hatten schon viele im Blick gehabt. Aber niemand hatte es damals auf den neunthöchsten Berg der Erde geschafft. Die Expedition wurde zu einer nationalen Angelegenheit. Auch in Türkheim wurde die Besteigung verfolgt. Aber nicht wie heute bei einer Liveübertragung, sondern mit einer gewissen zeitlichen Verzögerung über die Printmedien, die ausgiebig be-

Wegen seines Barts wurde Alfred Drexel „Balbo" genannt.

richteten. Politik und Propaganda im Deutschen Reich suchten nämlich Anfang der 1930er-Jahre nach Möglichkeiten, um mit Erfolgsmeldungen aus dem Tal der Schmach nach dem verlorenen Ersten Weltkrieg und der wirtschaftlichen Not zu kommen. 1932 gelang es Willy Merkl, an den 8125 Meter hohen Nanga Parbat he-

ranzukommen. Ein Gipfelsieg blieb ihm aber verwehrt. Zwei Jahre später scharte Merkl die fähigsten Bergsteiger um sich: Peter Aschenbrenner, Fritz Bechtold, Willi Bernard, Peter Müllritter, Erwin Schneider, Willi Welzenbach, Uli Wieland und Alfred Drexel.

Schon die Reise in den Himalaja wurde zum Abenteuer. Am 9. April verließ Alfred Drexel München. Er notierte in seinem Tagebuch: „Gab man auch seinen Freunden besonders herzlich fest die Hand im Abschied, so war es einem doch nicht schwer ums Herz, weil eben über der Trennung ein Glauben und Hoffen auf Sieg und Wiedersehen lag." Der Zug fuhr über Kufstein nach Venedig, von wo es mit dem Schiff nach Indien ging. In Bombay angekommen, mussten die Bergsteiger mit dem Zug und mit dem Auto weiter. Welches Ausmaß die Expedition hatte, zeigte die Zahl der Lastenträger: Ab Bandipur waren es 600. Bei Gewitter, Hagelschauer und bei Schneefall überquerte die Gruppe den 3650 Meter hohen Tragbalpass. Exakt vier Wochen, nachdem Drexel München verlassen hat-

Der Eisriese im westlichen
Himalaja wird als Schicksalsberg
der Deutschen bezeichnet.

in sein Tagebuch: „Das Wetter ist schön, man sieht hinauf zum Silbersattel und zum Plateau des Nanga." Der Eintrag endete kryptisch: „Und sonst!" Das waren die letzten Worte von Drexel am 3. Juni. Die Katastrophe nahm ihren Lauf.

Am Morgen des 6. Juni peitschte ein Schneesturm über das Gebirge. Die Gruppe war gerade unterwegs, um in 5600 Metern Höhe das Lager III einzurichten. Drexel kam als Letzter erschöpft an. Peter Aschenbrenner hielt in seinem Tagebuch fest: „Er klagt über heftige Kopfschmerzen und kann trotz Müdigkeit die ganze Nacht keinen Schlaf finden." Am nächsten Morgen kam Uli Wieland ins Zeltlager und berichtete, dass Drexel in der Nacht fantasiert habe. Aschenbrenner: „Wir raten dringend zum Abstieg, doch Drexel ist damit nicht einverstanden." Um 16 Uhr entschloss sich Drexel doch noch,

mit seinem Leibträger Angtenjing abzusteigen. Drexel schleppte sich mühsam auf zwei Stöcken gestützt zurück. Im Lager II standen nur ein Halbzelt und ein Schlafsack zur Verfügung. Gegen Mitternacht wurde Drexel von Fieberträumen geplagt. Am nächsten Morgen war er wieder in guter Verfassung. Jetzt sollte es ins Lager I gehen. Doch bei den Vorbereitungen veränderte sich Drexels Zustand beängstigend.

Um 10 Uhr wurde er bewusstlos. Am Abend traf ein Arzt ein. Er stellte bei Drexel eine Lungenentzündung fest und bat um Sauerstoff. Der musste allerdings vom Lager I gebracht werden. Ein mörderischer Schneesturm setzte ein. Gegen 21.20 Uhr starb Drexel, vermutlich an einem Lungenödem. Seine Freunde waren fassungslos.

Aschenbrenner schnitzte ein schlichtes Holzkreuz. Auf einem Moränenhügel am Basislager wurde Alfred Drexel am 11. Juni beerdigt. Die Expedition lief weiter. Wegen fehlender Trägernahrung verstrichen zehn strahlende Schönwettertage. Offenbar ein Organisationsfehler Merkls. Innerhalb der

te, erreichte er Astor. Von dort wurde wieder umgesattelt: 180 Last- und 20 Reitpferde brachten die Deutschen nach Dushkin. Unter schwierigen Umständen wurden die ersten Lager eingerichtet. Drexel schrieb

Mannschaft gärte es. Schneider und Aschenbrenner schafften es schließlich bis fast zum Vorgipfel auf 7850 Meter. Dort warteten sie auf die anderen. Als sie nicht kamen, stiegen sie zurück bis in die Nähe des Silbersattels, wo inzwischen Lager VIII aufgebaut worden war. Dann kam der Sturm.

Sahibs und Träger kauerten in der Nacht auf den 7. Juli in ihren undichten Zelten. Die Kocher funktionierten nicht, es gab nichts Warmes oder Trinkbares. Am 8. Juli entschloss sich die Gruppe zum Abstieg. Die nächsten Stunden wurden zur Hölle. Schneider und Aschenbrenner übernahmen die Führung und kamen bis Lager IV unterhalb des Rakhiot Peak. Uli Wieland, Willo Welzenbach, Willy Merkl und elf Sherpas kämpften währenddessen am Grat um ihr Leben. Fünf der Sherpas entkamen

Bergkameraden transportierten Alfred Drexels Leiche an Seilen ab.

Mit der Bahn zum Berg

Alfred Drexel wurde am 2. Dezember 1900 in Türkheim geboren. Seine Eltern waren Otto Drexel aus Tussenhausen und Maria Wiedemann. Sie war die Tochter des Türkheimer Posthalters. Otto Drexel arbeitete als Reichsbahnoberinspektor und Bahnhofsvorsteher – logisch, dass es früher mit dem Zug und den Kindern immer wieder in die Berge ging. Sohn Alfred Drexel blieb der Bahn treu: Als studierter Ingenieur wurde er Reichsbahnrat und arbeitete im Ausbesserungswerk München-Freimann. Er wurde Mitglied in der Akademischen Sektion des Alpenvereins und machte als Bergsteiger und Skiläufer von sich Reden. Heute erinnern an Drexel zwei Straßen in Türkheim und München. Der ESC München-Freimann hat sein Berghaus am Samerberg nach dem Ausnahmebergsteiger benannt.

Joseph Wiedemann (Vierter von links, hinten) war 33 Jahre lang Bürgermeister von Türkheim. Das Mädchen auf dem Bild ist Maria Wiedemann, die Tochter des Altbürgermeisters und die spätere Mutter der 1921 geborenen Kunstmalerin Traudel Drexel. Ihr größtes Gemälde kennen die meisten Türkheimer, das rechte Seitenaltarbild in der Pfarrkirche. Es stand in der Kritik, weil Jesus keinen Bart hat.

dem Inferno; alle anderen starben, Willy Merkl am 17. Juli. Alle Rettungsversuche von unten scheiterten am tiefen Schnee. Nach Ende des Zweiten Weltkriegs übernahm 1953 Karl Herrligkoffer, der Halbbruder von Willy Merkl, die Leitung einer weiteren Expedition zum Berg. Am 3. Juli gelang dem Tiroler Hermann Buhl die Erstbesteigung.

Über 60 Menschen haben am „Schicksalsberg der Deutschen" ihr Leben gelassen. Die Wahrscheinlichkeit, am Nanga Parbat ums Leben zu kommen, ist statistisch gesehen höher als am Everest. Extrembergsteiger Reinhold Messner sagt: „Es ist Unsinn, vom Fluch des Nanga Parbat zu sprechen, und wenn der Nanga zum Schicksalsberg der Deutschen geworden ist, dann nicht deshalb, weil ein Dämon dort regiert, sondern einfach deshalb, weil er so unendlich größer ist als wir Menschen."

Zwei Brüder und eine Idee

Wie die Niederhubers auf zwei unterschiedlichen Kontinenten Karriere machten. Sie legten den Grundstein für die Mindelheimer Zeitung und die Steubenville Germania Press.

Die Idee, eine eigene Zeitung herauszugeben, hatte sie beseelt. Jakob Niederhuber erfüllte sich den Traum im Jahr 1881 in Mindelheim, Joseph Niederhuber einige Jahre später in den Vereinigten Staaten. Die beiden Söhne des Obsthändlers Franz Xaver Niederhuber und seiner Frau Creszenz hatten die gleiche Idee. Nur mit einem Unterschied: Der eine baute sich eine Existenz in Mindelheim auf, der andere versuchte sein Glück im Land der unbegrenzten Möglichkeiten.

Im Jahr 1885 kam Joseph Niederhuber als 25-Jähriger in den Vereinigten Staaten an. Er ließ sich im Bundesstaat Ohio nieder, wo viele Landsleute lebten. Die deutschstämmigen Einwohner begriff Josef Niederhuber als Chance: Er gab eine eigene Zeitung heraus und gründete die Steubenville Germania Press. Vermutlich hatte er schon Erfahrungen im Druckgewerbe in Mindelheim gesammelt. Vielleicht

beim älteren Jakob Niederhuber. Warum sich ihre Wege trennten? Die Frage lässt viele Spekulationen zu. Vielleicht erkannten die beiden, dass die Mindelheimer Neuesten Nachrichten nicht genügend für zwei Männer einbrachten.

Anfangs bestand die Zeitung aus vier einfach bedruckten Blättern. Die Neuesten Nachrichten erschienen dreimal pro Woche und kosteten im Abonnement drei Mark im Jahr. Jakob Niederhuber war Herausgeber, Redakteur, Setzer und Drucker zugleich.

S.S. Columbus

Die Familie von Joseph Niederhuber in den Vereinigten Staaten. Der Mindelheimer gründete die Germania Press in Steubenville.

Jakob Niederhuber (hinten, mit Familie) brachte ab 1881 die Mindelheimer Neusten Nachrichten heraus.

Mit dem bereits bestehenden Mindelheimer Anzeigeblatt hatte er eine harte Konkurrenz. Auch der vier Jahre jüngere Joseph Niederhuber musste sich in den Vereinigten Staaten behaupten: Denn in Ohio gab es seit 1806 den eingesessenen Herald Star. Dazu kam die täglich erscheinende Steubenville Gazette, die führende demokratische Zeitung in der Region. Niederhuber brachte die Steubenville Germania nur einmal in der Woche heraus. Die Druckerei stand in der North Court Street, gegenüber des Gerichtsgebäudes. Für zusätzliche Einnahmen sorgte der Druck des Telegraphio Marconi, einer italieni-

schen Zeitung, die ebenfalls einmal in der Woche erschien. Steubenville, benannt nach einem preußischen General, war damals ein aufstrebender Ort. Dort gab es Kohleminen und eine Stahlproduktion. Als Rohstoffe waren Ton und Torf genauso wie Öl- und Gasfelder vorhanden. Der Aufschwung der Stadt am Ohio River zog viele Handwerksbetriebe an. Dazu gehörte auch die Druckerei von Josef Niederhuber.

Ein „Souvenir Book", also eine Art Imagebroschüre, die der deutsche Einwanderer für die Wirtschaftskammer um 1911 herstellte, gibt einen kleinen Einblick in die Arbeit des Mindelheimers. Niederhuber warb: „Jede Fotografie, die hier gezeigt wird, wurde bei uns gedruckt. Wir würden es sehr schätzen, wenn Sie uns die Möglichkeit geben, den besten Druck zu einem moderaten Preis, in den meisten Fällen zu einem besser Preis als ähnliche Arbeiten, anzubieten." Die Steubenville Germania Press habe ihren Ruf mit schneller Erledigung und Qualität aufgebaut. Wörtlich hieß es in der Imagebroschüre: „Wir nutzen das beste Material und verbinden die

Die Mindelheimer Neuesten Nachrichten: Verleger Hans Högel, der Mann von Auguste Niederhuber, kaufte 1927 das Anwesen. Dort war Platz für eine neue Rotation und fünf neue Setzmaschinen.

Die Germania Press in Steubenville/Ohio: Bei den Niederhubers in den USA wurde die deutschsprachige Zeitung und zeitweise der italienische Telegraphio Marconi gedruckt. Dazu bot das Unternehmen die Produktion von vielen Druckerzeugnissen an.

Das Lokal- und Anzeigenblatt für Mindelheim und Umgebung: So sah die Titelseite der Mindelheimer Neuesten Nachrichten 1882 aus.

Eigenschaften von zwei Kontinenten: Amerikanische Fertigkeiten und deutsche Sorgfalt für unsere Produktion." Am Ende wurde noch angemerkt: „Wir beschäftigen keine Rechtsanwälte. Wir machen keine Versprechen, die wir nicht halten können. Stattdessen kümmern wir uns persönlich um jeden Auftrag – ob klein oder groß – damit jeder Kunde zufrieden ist." Es gab noch andere Bayern, die damals im Journalismus in den Staaten erfolgreich waren. Etwa Jakob Uhl und Anna Behr aus Würzburg. Sie kauften 1846 die New Yorker Staatszeitung, die mit ihnen als Herausgeber zur deutschsprachigen Zeitung Nummer eins wurde. Otto Berthauser war ein weiterer Bayer, der ausgewandert war. Er gründete 1858 die Zeitschrift Humorist.

Die meisten Bayern, die es damals nach Übersee zog, waren Handwerker und Arbeiter. Viele fanden einen ersten Job bei Landsleuten. Viele hielten lange Kontakt mit der alten Heimat – auch Josef Niederhuber. Bekannt ist, dass er 1924 für einen Besuch nach Mindelheim zurückkehrte. Von seiner Überfahrt ist eine Broschüre der S.S. Columbus erhalten, einem schnellen Passagierschiff der North German Lloyd New York. Angebote und Ausstattung des Schiffs erinnern an die Titanic.

Joseph Niederhuber konnte seinen Bruder Jakob, der Franziska Wölfle aus Mindelheim geheiratet hatte, übrigens nicht mehr in die Arme schließen: Er war bereits 1917 gestorben. Die Druckerei in Mindelheim führte nach dem Ersten Weltkrieg Hans Högel weiter. Er hatte Auguste Niederhuber geheiratet, die Tochter von Jakob Niederhuber. Högel war bereits seit 1909 im Betrieb und arbeitete zunächst als Faktor in der Druckerei. Weitere Erfahrungen sammelte Högel, der ursprünglich aus Scheppach im Landkreis Günzburg stammte, in der Akzidenzdruckerei und der Zeitungsredaktion.

Joseph Niederhuber starb 1943 – mitten im Zweiten Weltkrieg. Die Germania Press war schon lange aufgegeben worden. Vermutlich hatten seine Kinder noch einige Zeit die Druckerei fortgeführt. Zu den Nachkommen von Joseph Niederhuber gehört John Edward Niederhuber. Mit dem Verlagsgewerbe hat er nichts am Hut: Als hochrangiger Wissenschaftler leitete er lange ein Institut der US-Gesundheitsbehörde, das sich mit der Erforschung, Prävention und Heilung von Krebserkrankungen befasst.

Der Satz

Was heute Redakteure am Computer erledigen, war früher die Arbeit eines Setzers. Er reihte Zeile an Zeile. Der so genannte Umbruch fand so bis 1981 statt.

Der Boston-Tiegel ....

Hans Högel († 1966) an der Boston-Tiegelpresse. Die Maschine, mit der sich Blatt für Blatt bedrucken ließ, wurde um 1850 in Boston in den USA entwickelt.

In sogenannten Setzkästen befanden sich die Lettern aus Blei. Aus ihnen entstanden Worte, Sätze und schließlich die ganze Zeitung.

Der Schwabe vom Dienst

Robert Naegele war einer der bekanntesten Schauspieler und Autoren der Region. Er hatte mit den Großen der Branche gearbeitet. Im Herzen blieb er immer ein Lausbub.

Er war zeitlebens ein Lausbub, der es aber niemals böse meinte. Kindliche Neugier, Unvoreingenommenheit, Spontanität und Hingabe waren es, die Robert Naegele antrieben. 2016 starb der Schauspieler und Autor aus Mittelschwaben. Als den „Münchner Schwaben vom Dienst" bezeichnete ihn eine Zeitung, weil er trotz Lebensmittelpunkt in München seinen schwäbischen Wurzeln treu geblieben war. Immer wieder hatte er nach Mittelschwaben zurückgefunden, obwohl ihn Schauspiel und Fernsehfilm um die Welt reisen ließen. Der Dialekt, den er für ein breites Publikum erschloss, war ihm Heimat geworden.

Naegele wurde in Nattenhausen geboren und wuchs in Ebershausen auf. Sein erster Kontakt mit den Brettern, die die Welt bedeuten, war eine Bauernkomödie: In dem Stück wurde eine Magd erschossen, der kleine Robert im Publikum schrie fürchterlich, und seine Eltern mussten ihn nach Hause tragen. Auch die Kniebeuge in der Kirche hatte er falsch verstanden – er drehte sich am Altar um und machte sie in Richtung der anderen Kirchgänger. Der Beifall blieb allerdings aus. Der sollte erst Jahre später kommen.

Naegele war als 20-Jähriger aus dem Krieg heimgekehrt. Er lernte eine junge Frau aus Memmingen kennen, deren Mutter zum Hamstern aufs Dorf gekommen war. Über die Dame kam der Kontakt zum Theater zustande, das damals als eines der ersten nach dem Krieg wieder den Betrieb aufnehmen durfte. Naegele nahm alle Mühen in Kauf, um in Memmingen Schauspielunterricht zu bekommen. Mit einem alten Rad legte er täglich 80 Kilometer Wegstrecke zurück. Erste Engagements folgten, Naegele schaffte den Sprung auf die Profibühnen. Die Leidenschaft für den Beruf brannte in ihm, er hatte nach dem Kriegsende die neue Freiheit für sich gefunden. Auch beim Fernsehen machte sich Naegele einen Namen. Für seine Rolle in „Die Zelle" wurde er als bester Schauspieler beim Filmfestival in San Remo ausgezeichnet. An über 250 Filmen und Fernsehspielen war er beteiligt, darunter häufig in den Krimiserien „Derrick" und „Der Alte". Sogar bei einer Posträuberverfilmung in England spielte er mit. Als Star hatte sich Naegele nie gesehen. Vielleicht war das

Robert Naegele war vielen als Theaterschauspieler bekannt. Das Bild zeigt ihn in Ulm 1951 im Stück „Was ihr wollt" von Shakespeare.

Robert Naegele und Irmgard Hermann in Wörishofen: Der Schauspieler kehrte immer wieder in den Kurort zurück, um dort auszuspannen und um Freunde zu treffen.

die schwäbische Bescheidenheit, die mit Tüchtigkeit einhergeht.

Naegele wollte nicht nur Schauspieler sein, als Büchernarr wollte er auch schreiben. Beim Bayerischen Rundfunk machte er viele „Schwabenspiegel"-Sendungen und zeichnete für zahlreiche Sendungen „Bairisch Herz – Ausgabe Schwaben" für die Zusammenstellung und Regie verantwortlich. Außerdem verfasste er Hörspiele und hielt seine Erinnerungen in zahlreichen Büchern fest. Das Funkeln in seinen Augen verriet: Robert Naegele war ein Lausbub, auch im hohen Alter, wie das folgende Interview aus dem Jahr 2002 beweist.

Wenn Sie könnten, dann würden Sie am liebsten die Jahre nach dem Krieg noch einmal erleben. Warum?

Naegele: Damals begann mein Leben neu. Die Zeit war karg, aber im Vergleich zum Krieg köstlich. Der Aufbau nach dem grausamen Krieg war ein Wunder. Ich würde es wieder erleben wollen, trotz Hungers und trotz aller Mühen. Das Leben war wieder grandios. Im Krieg war die Schauspielerei nur ein Traum, jetzt ging er in Erfüllung.

Hatte es Ihnen mehr die Bühne oder der Film angetan?

Naegele: Die Bühne ist interessanter, weil man jeden Abend direkt vor applaudierendem Publikum steht. Am Anfang wollten gar nicht so viele Schauspieler zum Film oder zum Fernsehen. Später haben sie erkannt, dass sich damit Geld verdienen lässt. Ich hatte aber für mich die Mischung von Theater, Fernsehen und Funk gefunden. Heute frage ich mich: Wie hast Du das alles nur geschafft?

Wie kam Ihr Traum in Ihrem Elternhaus an? Schauspiel war schließlich kein handfester Beruf.

Naegele: Ich muss meinen Eltern dankbar sein, sie haben mir die Freiheit gegeben. Sie haben nie gemeckert und haben mich immer unterstützt. Sie schickten mir Essenspakete, ich schickte ihnen die Wäsche nach Hause. Schauspieler zu sein ist ein Beruf, von dem man damals nicht unbedingt leben konnte. Als ich das erste Mal Theaterferien hatte, sagte die Großmutter zu mir: „Büble, spielsch jetzt allweil no Theater? D'Fasnacht isch doch scho lange rum."

Damals haben Sie Mundart noch nicht für sich entdeckt.

Naegele: Das kam erst später. Beim Bayerischen Rundfunk habe ich mich beim Schwabenspiegel vorgestellt. Als ich Naegele sagte, schickten die mich sofort zu den Schwaben. Ich konnte mich wieder ins Schwäbische hineinleben. Was angeboren ist, verlernt man ja nicht.

Hat Mundart Zukunft? Immer weniger sprechen Dialekt.

Naegele: Es werden immer weniger. Die großen Dichter haben gesagt, dass Mundart die Stube der Heimat ist.

Der Wachtmeister des Märchenkönigs

Ferdinand Boppeler, der 1888 in Mindelheim starb, war ein Vertrauter von Ludwig II. Beinahe hätte er ein Kapitel der bayerischen Geschichte beeinflusst.

Wie so oft ist es die Geschichte hinter der Geschichte. Eine Kirchheimer Schützenscheibe aus dem Jahr 1867 erinnert daran, wie nah das Unterallgäu mit dem Bayerischen Märchenkönig Ludwig II. verbunden war. Auf der Scheibe ist nämlich Ferdinand Boppe-

ler zu erkennen. Er war als Wachtmeister ein Vertrauter des Monarchen. Er gehörte auch zu den Gründungsmitgliedern des Zimmerstutzen-Vereins, die im Nebenzimmer des Gasthofs Adler in Kirchheim zusammenkamen. Kirchenmaler Johann Striebel hielt porträthaft den besonderen Augenblick fest, als sich Arzt Dr. Ludwig von Valta, Lehrer Matthäus Lutz, Zimmermeister Johann Schmid, Schlossermeister Lechler, Johann Striebel, Gendarm Boppeler, Buchbinder Geiger aus Eppishausen und ein unbekannter Gräflich-Fugger'scher Beamter sowie ein Schulgehilfe zusammenschlossen. Die Scheibe aus dem Heimatmuseum wurde 2018 bei einem Wettbewerb zu den interessantesten 100 Exponaten aller bayerischen Museen ausgewählt. Das hat weniger mit den ernsten Minen

König Ludwig ließ sich durch die märchenhafte Winterlandschaft um Schloss Neuschwanstein kutschieren, wie diese historische Postkarte zeigt. Er baute sich eine Gegenwelt zur Realität auf und lebte zeitweise nur noch nachts – tagsüber schlief er.

Die Einschusslöcher ....

Die Schützenscheibe wurde oben und unten beschossen, wie die Absplitterungen zeigen. Gemalt hat sie der Kirchenmaler Johann Striebel, der auch zu den Gründungsmitgliedern gehörte.

Der Wachtmeister

Heute ist sie blau, früher war sie grün: Die Dienstkleidung der Gendarmen, die im Volksmund auch „Grünfräcke" genannt wurden. Der bekannte Räuber Mathias Kneissl soll einen Polizisten einmal als „greaalgaten Gumpmharing" bezeichnet haben – für den „algengrünen Gumpenhering" gab es einige Tage Gefängnis.

Sie hoben den Zimmerstutzen-Verein aus der Taufe: (von links) Dr. Ludwig von Valta, Lehrer Matthäus Lutz, Zimmerermeister Johann Schmid, Schlossermeister Lechler, Gendarm Ferdinand Boppeler, Buchbinder Anton Geiger aus Eppishausen, ein Gräflich Fugger'scher Beamter und ein unbekannter „Schul-Adstant".

In Blickweite zu Schloss Hohenschwangau, wo Ludwig II. bei seinen Eltern aufwuchs, ließ er sich Neuschwanstein errichten. Der Bau dauerte Jahre und verschlang Unsummen, die der König aus seinem arg strapazierten Privatvermögen zahlte.

ich thun? Es ist eine Entmündigungskommission gekommen, man will mich wegbringen und mein Onkel Luitpold Besitz von der Krone ergreifen. Mich des Thrones entsetzen, schmerzt mich nicht, aber mich für irrsinnig lebend begraben, mich von den Wärtern mit Fäusten schlagen lassen wie mein Bruder Otto nein! Dies ertrag' ich nicht, ich bin ärmer wie ein Bettler, der kann die Gerichte in Anspruch nehmen, ich als König nicht." Es war der 10. Juni 1886. Ludwig II. hielt sich auf Schloss Neuschwanstein auf. Im nur einen Steinwurf entfernten Schloss Hohenschwangau kam um Mitternacht eine

der festlich gekleideten Männer zu tun als mit dem biertrinkenden Wachtmeister im Vordergrund. Ferdinand Boppeler war es, der dem bayerischen Märchenkönig in seinen letzten Tagen auf Schloss Neuschwanstein zur Seite stand. Ludwig II. offenbarte sich Boppeler, der 1884 zum Gendarmeriewachtmeister in Füssen befördert worden war. Der König soll ihn gebeten haben: „Herr Wachtmeister, helfen Sie mir – geben Sie mir einen Rat, was muß

Der Märchenkönig hat noch immer viele Fans. Die Ludwig-Freunde treffen sich regelmäßig in einem Keller in Wörishofen, um die bayerische Kultur zu pflegen.

Staatskommission zusammen, die den König absetzen sollte. Ein Kutscher bekam Wind von der Verschwörung, eilte zu Ludwig II. und warnte ihn. Der König forderte daraufhin aus Füssen Gendarmen an. Es dämmerte, als sich die Staatskommission nach Neuschwanstein begab. Mit dabei hatte sie einen Brief, dessen Inhalt staatpolitischen Sprengstoff darstellte. Das Schriftstück des Prinzen Luitpold sollte den König von der „höchst betrübenden Tatsache" unterrichten, dass er „durch übereinstimmende Gutachten (...) an

der weiteren Ausübung der Regierungsrechte behindert" sei. Luitpold habe nun „die schmerzliche Pflicht zu erfüllen, provisorisch die Zügel der Regierung" zu ergreifen. Die Wache ließ die Kommission nicht aufs Schloss. Wachtmeister Boppeler befand sich an der Seite des Monarchen und riet zur Flucht nach Tirol. Ludwig lehnte ab. Die Stimmung war angespannt, die Kommission zog sich wieder nach Hohenschwangau zurück. Dann wurde sie auf Geheiß von Ludwig festgenommen. Stunden später wurde sie

wieder frei gelassen. Die Ereignisse spitzten sich weiter zu. Am Morgen wurde überall in Bayern verkündet, dass Prinz Luitpold die Regentschaft übernommen hatte. Der damalige bayerische Außenminister Friedrich Krafft von Crailsheim befahl, Ludwig zu isolieren. Sämtliche Nachrichten des Königs sollten abgefangen werden. Der Ministerrat beschloss, Ludwig nach Schloss Berg zu bringen. Ihm wurde „Geisteskrankheit" vorgeworfen – er sei nicht regierungsfähig. Tatsächlich war er hoch verschuldet und politisch erfolglos geblieben. Der König sollte entmündigt werden. Ludwig wurde schließlich wie geplant nach Berg gebracht. Ganz in der Nähe, in Feldafing, logierte derweil Kaiserin Elisabeth von Österreich, Ludwigs Seelenverwandte. Hatte sie vom Staatsstreich erfahren?

In Stadtbergen geboren

Ferdinand Boppeler stammt aus Stadtbergen-Leitershofen bei Augsburg und wurde am 24. Februar 1838 als Sohn des Lehrers Franz Xaver Boppeler und dessen Ehefrau Maria Merk geboren. Nach der Schule wurde er Schreiner, ehe er den Beruf wechselte und in den Polizeidienst eintrat. Im August 1884 wurde er zum Gendarmeriewachtmeister in Füssen befördert. Zwei Jahre später folgte er seinem Treueeid und stand zu König Ludwig II. – er nahm die angereiste Staatskommission fest, die den König absetzen und gefangen nehmen wollte. Im Oktober nach den dramatischen Ereignissen um die bayerische Krone wurde Boppeler nach Mindelheim versetzt, wo er an einem Magenleiden starb. Oder steckt eine Verschwörung hinter dem frühen Tod? Zum 120. Todestag von König Ludwig II. erinnerte der Freundeskreis des Staatsarchivs Augsburg an den Gendarmiewachtmeister.

Hätte sie Ludwig retten können? Es bleiben viele Fragen offen. Fest steht nur: König Ludwig und sein Psychiater Dr. Bernhard von Gudden brachen am Sonntagabend, 13. Juni, zu einem Spaziergang am See auf. Später wurden Kleidungsstücke am Ufer entdeckt, gegen 23 Uhr zwei leblos im Wasser treibende Körper – Ludwig II. und Dr. Gudden. Offiziell hieß es, der König sei in suizidaler Absicht ertrunken. Die Hintergründe wurden nie restlos aufgeklärt. Die Spekulationen um den Tod des Monarchen rissen nie ab. Sie füllten Bücher. Viel Stoff würde auch die folgende Frage hergeben: Was wäre passiert, wenn der König auf Anraten des Mindelheimer Wachtmeisters nach Tirol geflohen wäre? Wie wäre die bayerische Geschichte verlaufen, wenn sich Ludwig II. und Boppeler ins Ausland abgesetzt hätten?

Es gibt noch eine weitere Verbindung zwischen dem Unterallgäu und dem Märchenkönig: Der Münchner Architekt Eugen Drollinger entwarf um 1897 die Fassade des Mindelheimer Rathauses. Er arbeitete auch für Ludwig II.

Ein Maharadscha in Wörishofen

Kurgäste brachten Haute Couture nach Wörishofen. Pfarrer Kneipp wollte das gar nicht gefallen.

Wer heute auf Kur geht, packt möglichst bequeme Bekleidung ein. Früher war die Maßgabe anders: Schick sollte es sein. Zeitweise glich der Kurbetrieb einem Schaulaufen der gerade angesagten Mode. Auch in Wörishofen, wo sich die prominenten Gäste die Klinke in die Hand gaben. Einer von ihnen hatte eine sehr lange Reise hinter sich.

Der Maharadscha von Baroda kam mit seinem Gefolge aus England angereist. Ursprünglich stammte er aus Ostindien. Er war vermögend, soll riesige Jagdgründe und die schönsten Elefanten besessen haben. Wie er vom Kurort und Pfarrer Kneipp erfahren hatte, ist nicht überliefert. Dafür wurde 1894 festgehalten, wen der 32-jährige indische Prinz alles dabei hatte: Nicht nur exotisch anmutende Kleider aus feinsten Stoffen, sondern auch seine Gemahlin, seinen Leibarzt namens Shamsudin Sulemani, einen zweiten englischen Arzt, zwei Diener, einen Vetter und dessen Frau, sowie

Die Kneipp'sche Kur verbindet: Wassertreten war auch für die feine Gesellschaft nur in freier Natur möglich.

Wörishofen, 24. Nov. Gestern Abend sind Se. kgl. Hoheit der Maharadja von Baroda (Ostindien), nebst Gemahlin und großem Gefolge zum Curgebrauche dahier eingetroffen.

Wörishofen, 28. November. Se. kaiserl. Hoheit Erzherzog Joseph unternahm am vergangenen Donnerstag in Begleitung des Herrn Prälaten Kneipp, Herrn Pfarrer Stückle und des erzherzoglichen Leibarztes Dr. Bauer, zu Wagen einen Ausflug nach Mindelheim. — Am Sonntag begab sich Se. kaiserl. Hoheit nach Memmingen, ebenfalls in Begleitung des Herrn Prälaten Kneipp. — Se. königl. Hoheit Herzog Paul von Mecklenburg und Se. königl. Hoheit Prinz Heinrich von Bourbon haben Wörishofen wieder verlassen.

Wörishofer Damen-Gesundheits-Kleidung.
Von den „Wörishofer Blättern" vorgeschlagen.

Abbildung nach Photographie.
Dame ohne Corset.
Hierzu redaktioneller Theil Seite 72 und 74 und weitere Abbildungen im Inseraten-Theile.

Eng und schick war angesagt (links). Die körperbetonte Mode von damals gefiel dem Wörishofer Wasserdoktor Sebastian Kneipp nicht. Er plädierte für eine luftige „Damen-Gesundheits-Kleidung". Die sah kein Korsett vor, wie auf der Anzeige (rechts) zu erkennen ist.

deren Diener. In Summe fast 30 Menschen. Die Gruppe befand sich bereits seit einem Jahr in Europa. In Wörishofen wollte die englisch- und französischsprechende Hoheit ein Nervenleiden kurieren – die Blitzgüsse von Kneipp sollten eine blitzschnelle Wirkung erzielen, so der Plan. Tatsächlich hatte der Prinz, dem ungeheurer Reichtum nachgesagt wurde, großen Gefallen am schwäbischen Winter gefunden: Er lernte das Schlittschuhlaufen.

Einmal fragte Kneipp die Maharadscha-Gemahlin mit ihrer hellbraunen Hautfarbe, was sie denn für einen roten Punkt auf der Stirn habe. Die Gefolgschaft erklärte daraufhin, dass der Punkt ein Zeichen der Legitimität der indischen Frau sei. Er werde jeden Tag erneuert. Dem Wasserdoktor begegneten die besonderen Gästen aufrichtig. Der Maharadscha soll über seine körperliche Verfassung angemerkt haben: „Monsignore Kneipp hat vollständig recht; Leute wie ich, die essen zu viel, essen zu gut und arbeiten zu wenig."

Kneipp, der sicherlich kein Kostverächter war und sich gerne eine Zigarre

29 Rotary Photo, E.C. **H.M. QUEEN ALEXANDRA &**
PRINCE GEORGE OF WALES.

Immer sehr gut gekleidet und bildhübsch: Alexandra, die Frau
des englischen Königs Edward VII. mit Prinz Georg (links).

Wie mondän die Kur sein konnte, zeigt die Aufnahme vom
Parkhotel in Bad Wörishofen (rechts).

gönnte, antwortete daraufhin: „Das kann scho sein." Unmittelbar nach der indischen Hoheit ließ sich übrigens Erzherzog Joseph von Österreich in Wörishofen behandeln. Er nächtigte im Dominikanerinnenkloster. Fünf Wochen blieb die Kaiserlich-Königliche Hoheit. Für die damals neue Hauskapelle stiftete der Erzherzog einen Kronleuchter. Kneipp soll über die Hoheit gesagt haben: Er habe das Herz am rechten Fleck. Der Wasserdoktor und der Erzherzog kannten sich bereits: Zwei Jahre vorher war Kneipps Ruf bis nach Wien gedrungen. Er sollte schleunigst kommen und den Habsburger, der Oberbefehlshaber der ungarischen Armee und eine der bedeutendsten Persönlichkeiten der österreichisch-ungarischen Doppelmonarchie war, von seinem Ischiasleiden befreien. Kneipps Methoden hatten Erfolg. Und der Erzherzog zeigte sich spendabel: Mit seiner Zuwendungen konnte der Bau des neuen Kneippianums mitfinanziert werden. Der Erzherzog dankte es noch anders: Er empfahl Wörishofen und Kneipps Lehren, was weiteren prominenten Besuch nach sich zog. Zu den illustren Gästen gehörte unter anderem die Tochter des Erzherzogs, die Fürstin von Thurn und Taxis. Sie traf sich im

Der Stoff, aus dem die Träume sind:
Einen Eindruck von der Mode vergan-
gener Tage gibt es im Textil-Museum
der Kreisstadt Mindelheim.

Kneippianum mit ihrer Verwandten,
der Prinzessin von der Leyen. Noch
weitere Hoheiten weilten in Wörishofen: Don Carlos, Infant von Spanien,
war mit seinem Sohn Don Jaime zu
Gast, genauso der Großherzog von
Holstein und der steinreiche Baron
Rothschild aus Paris, der in vier Salon-
wagen auf den Gleisen des Türkheimer
Bahnhofs wohnte. Die Liste der Wörishofer Gäste, die in Alfred Baumgar-

tens Kneipp-Biografie festgehalten
ist, liest sich wie eine Personenenzy-
klopädie des europäischen Adels: Karl
Fürst zu Löwenstein, Victor Prinz von
Rohan, Rupert Prinz von Bayern, die
Fürsten Oettingen-Wallerstein, Fürst
Oginski aus Dresden, General Wilhelm
Strecker Pascha, Anna Prinzessin
von Lichtenstein, Albrecht Prinz von
Solms-Braunfels, Fürstin Waldburg,
Fürst Adolph Joseph Schwarzenberg,

Fürst Georg Ghika, Fürst zu Salm-
Horstmar, Herzogin Eleonore zu Salm
Horstmar, Herzogin Eleonore Ursula
von Arensberg, Prinzessin Fechen-
berg-Öhringen, Heinrich Prinz von
Bourbon oder Prinz Alfred Croy.
Ein prominenter Gast war auch Alexandra von Wales, die spätere engli-
sche Königin. Alexandra und Thron-
erbe Edward VII., die 1863 geheiratet
und sechs Kinder hatten, waren in

ihrer Ehe nicht unglücklich, obwohl er Affären mit anderen Frauen hatte. Die Tochter des Königs von Dänemark reiste im August 1899 mit einer Delegation an, vermutlich um ihr steifes Bein zu kurieren. Sie litt auch unter fortschreitender Taubheit. Wegen ihrer äußeren Schönheit wurde sie förmlich von ihren Untertanen angehimmelt. Sie war außerdem eine begeisterte Tänzerin und Eisläuferin.

„Alix" war eine Art Mode-Ikone

Ihre Beliebtheit machte „Alix" übrigens auch zu einer Art Mode-Ikone. Sie hatte eine Vorliebe für hohe Kragen und üppigen Halsschmuck. Eigentlich wollte sie damit eine größere Narbe am Hals verdecken.

In Wörishofen und in Mindelheim kurbelten die Kurgäste das Geschäft für schicke Textilien an: Im Spezialgeschäft von „Babette Marey" wurden zum Beispiel „Hüfthalter, Reformkorsetten, Büstenhalter, Leib-Binden, Umstandsbinden und Geradehalter nach neuesten Faconen und gutem Sitz aus Stoffen" und „Material bester Qualität angeboten". Am Stand neben

dem Gasthof zum Kreuz in Mindelheim verkaufte der Händler Jakob Schrauber ebenfalls Korsette – sogar mit „Spiralfedern" und mit „echtem Fischbein". Sebastian Kneipp hatte übrigens nichts übrig für Mode. Über enge Schuhe sagte er kurz und knapp: „Ein Hauptübel unserer Zeit ist die Beschuhung."

An der Bekleidung, die vor allem Frauen regelrecht einschnürte, ließ der Gesundheitsapostel ebenfalls kein gutes Wort: „Die Weibspersonen stecken im Korsett wie ein Narr in seiner Zwangsjacke. Sie werden natürlich infolgedessen krank; dann laufen sie von einem Arzt zum anderen, die aber doch nicht helfen können. Und schließlich kommen sie nach Wörishofen, wo sie vor allem tüchtig ausgeschimpft werden."

Tatsächlich trugen Frauen damals ein Korsett, knielange Unterhosen, ein Hemdchen, einen oder mehrere Unterröcke, Strümpfe und ein Kleid. Auch der Hut durfte nicht fehlen. Kneipp lästerte: „Ich würde nie zu Ende kommen, wenn ich alles aufzählen wollte, was der menschliche Verstand in Bezug auf Kleidung schon Unsinni-

ges ersonnen hat." Mit der späteren englischen Königin dürfte er trotzdem eine gemeinsame Wellenlänge gehabt haben: Alexandra liebte wie der Prälat Tiere. „Alix" ließ sich sogar mit ihrem geliebten Mops ablichten. Kneipp hatte einen weißen Spitz.

KAPITEL 02

KRIEG UND
FRIEDEN

Ein letztes Lebewohl am Bahnsteig

Bevor sie auf die Schlacht-felder des Ersten Weltkriegs zogen, ließen sich Soldaten beim Fotografenmeister noch einmal ablichten. Für viele Angehörige wurden die Bilder zur letzten Erinnerung.

Dem Schriftsteller Ludwig Thoma war der Kriegsausbruch 1914 sogar ein Gedicht wert: „Auf springt das Volk und reckt die Glieder, und keine Sorge drückt uns nieder." Doch statt einer großen Euphorie gab es auf dem Land auch verhaltene Sorgen. In vielen Dörfern machte sich Verzweiflung breit – wer würde die Ernte einfahren, wenn der Bauer in den Krieg musste? Die jüngeren Männer konnten nicht ahnen, dass das große Abenteuer in einem Maschinenkrieg ungezügelter Gewalt enden würde. Aber immerhin ließen sie sich für die Ewigkeit ablichten.

Der Stadtpfarrer hatte den ersten Mindelheimern, die auf die Schlacht-felder ziehen mussten, noch nahegelegt, die Heiligen Sakramente zu

empfangen. Mit Musik ging es dann zum Bahnhof. Die Stadtkapelle oder der Musikcorps des Landwehrbataillons spielte zum Abschied.

Das Bataillon war 1808 gegründet worden und bestand 1901 aus 225 Männern. Exerziert wurde auf dem Übungsplatz an der späteren Landwirtschaftsschule.

Deutlich ist auf historischen Aufnahmen zu erkennen, wie die Soldaten in den Krieg zogen. Sie trugen eine Uniformjacke und Hosen mit zwei schrägen Taschen. Die Soldaten schulterten einen Tornister. Darin befanden sich zumeist Halbstiefel, Unterwäsche, Strümpfe, ein Hemd, Zeltausrüstung, Putzzeug, Gewehrpatronen, die „Eiserne Ration", Persönliches und oft eine Kaffeebüchse. An den Tornisterdeckel wurde ein Kochgeschirr geschnallt. Um den Rucksack konnte ein grauer Mantel und eine Zeltbahn befestigt werden. Ab 1. August roll-

Der Abschied auf einem Foto festgehalten: Ein Soldat mit seiner Frau im Jahr 1914.

Die Feldflasche ....

Die mit graubraunem Filz überzogene ovale Aluminiumfeldflasche fasste einen Dreiviertelliter.

Die Helme

Zum Abschied trugen die Soldaten volle Montur. Im Gepäck hatten sie auch das „Krätzchen". So wurde die Feldmütze aus Stoff und ohne Schirm genannt.

Die Battalionskapelle verabschiedete am Bahnhof in Mindelheim die ausrückenden Landwehrsoldaten im Jahr 1914.

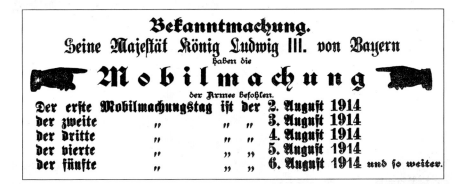

ten Züge mit bayerischen Truppen an die deutsche Westgrenze – 3050 Militärzüge allein bis zum 16. August. Bis 1. November 1918 wurden insgesamt etwa 1,43 Millionen bayerische Soldaten rekrutiert und an die Fronten geschickt. Bei einer bayerischen Gesamtbevölkerung von rund sieben Millionen Menschen war das also gut ein Fünftel. Rund 85 Prozent der zwischen 1869 und 1900 geborenen Männer kam an die Front – der Krieg wurde damit zur prägenden Erfahrung einer ganzen Generation. Insgesamt etwa 200 000 Angehörige der Bayerischen Armee kamen ums Leben. 154 Männer aus Mindelheim kehrten nicht mehr zurück.

Nachricht in die Heimat

Der Mindelheimer Verleger Hans Högel schickte am 25. Januar 1916 eine Feldpostkarte an seine Frau. Darin hieß es: „Liebe Auguste, bin gesund und munter. Habe mich nun bereits an die ewige Schießerei gewöhnt. Gestern traf ich einen Infanteristen aus Bronnen bei Pfaffenhausen und heute einen Soldaten aus Dirlewang; einer erzählte mir, dass auch Rogg aus Mindelheim in Oppy (ganz in meiner Nähe) liege. Man freut sich immer, wenn man Bekannte trifft. Unter tausend herzlichen Grüßen lasse ich Dir hiermit meine neueste Aufnahme zukommen.
Auf Wiedersehen! Dein Hans"

Im Felde, 25. 1. 16.

Aus Kanonenrohren werden friedliche Mistlader

Erst wird Tüftler Franz Jäckle aus Salgen belächelt. Doch dann schlägt seine Erfindung ein. Sie erleichtert die Arbeit auf den Höfen. Sohn Hermann Jäckle führt heute das Lebenswerk fort.

Mist aufladen, die schwere Fracht zum Haufen karren, dann abladen. Und wenn es aufs Feld geht, wiederholt sich der mühsame Vorgang. Tag ein, Tag aus erlebt Franz Jäckle aus Salgen, wie sich seine Familie bei der Stallarbeit abrackert. Um die Arbeit auf dem Jäckle-Hof zu erleichtern, entwickelte der gelernte Schlosser eine Maschine, die sein Leben verändern sollte. Zunächst baute er einen Traktor. Aus zwei Achsen, etwas Schrott und einem 15-PS-Dieselmotor konstruierte er 1948 einen Schlepper, der eine Höchstgeschwindigkeit von 40 Stundenkilometern erreichte. Jäckle, der bei Ruf (später Porsche-Ruf) sein Geld als Maschinist verdiente, war gerade 22 Jahre alt. Noch mehr Beachtung fand seine Erfindung, die er im Jahr darauf im Hühnerstall austüftelte: Er baute einen schwenkbaren Dunggreifer aus einem Kanonenrohr eines ehemaligen Flakgeschützes. Tatsächlich: Aus einer Waffe wurde ein friedlicher Hofhelfer. Der ehemalige Lauf diente als Mast, der mit einem Kugellager auf einem festen Sockel gedreht werden konnte. Mit einem Ausleger, einem Greifer und einem Seilzug konnte im Radius von mehreren Metern die schwere Last schnell und kraftsparend bewegt werden. Seine Erfindung verkaufte Jäckle für 600 Mark. Kaufmännisch hatte er bereits kalkuliert, dass er unter dem Strich abzüglich Material und Lohnkosten rund 300 Mark verdienen kann. Doch um in die Serienproduktion einzusteigen, benötigte er weitere Kanonenrohre.

Ein Schrotthändler in der Region hatte sie – er wollte allerdings nur ein Konvolut von 3000 Stück verkaufen. Der Preis: 3000 Mark. So viel Geld hatte Jäckle mit seinen 24 Jahren nicht. Die Lösung: Er musste zur Bank und einen Kredit aufnehmen. Doch zuvor waren Überredungs-

Der Jäckle-Dunggreifer bestand aus dem Lauf eines Flakgeschützes aus dem Zweiten Weltkrieg.

Franz Jäckle wollte die Arbeit auf dem Hof seiner Eltern erleichtern und entwickelte ein Gerät, das später tausendfach verkauft wurde. (links)

Jäckle baute mit 22 Jahren auch einen Traktor: Auf ihm sitzt seine Tante Ledwina Rohrer. Der Schlepper hatte 15 PS und schaffte 40 Stundenkilometer. (rechts)

künste gefragt. Denn für den Kredit musste sein Vater bürgen – mit dem Hof nämlich. Das Risiko umriss Johann Jäckle klar: „Wenn das nicht klappt, dann ist die ganze Hüttn hin", prophezeite er. Damit war der Hof der Familie gemeint. Das Anwesen kam nicht unter den Hammer – denn Franz Jäckles Erfindung schlug ein. Er zahlte den Kredit ab und belehrte alle Zweifler, die den jungen Mann wegen der 3000 Kanonenrohre für verrückt gehalten hatten, eines Besseren. Jäckle zog von Dorf zu Dorf und bot seine Dunggreifanlage

an. Um den Landwirten das Prinzip der 360 Grad schwenkbaren Anlage zu erklären, hatte er immer ein kleines Modell dabei. Sohn Hermann Jäckle hat es behalten – als besondere Erinnerung an seine Eltern. Die fanden zusammen, als Franz Jäckle einmal in Dorschhausen auf einem Hof ein Verkaufsgespräch bei seinem späteren Schwiegervater führte. Er verkaufte eine Anlage und gewann mit Aloisia einen unendlich großen Schatz. Beide heirateten 1952 und bekamen drei Töchter und einen Sohn. Das Glück hielt auch

geschäftlich an. Allerdings hätte das Schicksal dem Tüftler einmal böse mitspielen können: In einem Kanonenrohr befand sich ein scharfes Geschoss, das zunächst unentdeckt blieb. Wäre es explodiert, hätte es jemanden verletzt, dann wäre es vermutlich vorbei gewesen mit der Dunggreiferanlage. Doch Franz Jäckle erkannte die Munition und konnte sie sicher entfernen.

Als die Kanonenrohre verbaut waren, konstruierte er einen frei stehenden Gittermast. An den schraubte er einen eineinhalb PS starken Motor für

Wie alles begann: Die erste Werkstatt von Franz Jäckle war ein Hühnerstall (links). Hermann Jäckle zeigt das Modell des Dunggreifers, den sein Vater kurz nach dem Krieg erfunden hatte.

die Seilwinde. „Eine Zierde des Bauernhofs", warb er auf Blättern und machte so jedem „fortschrittlichen Landwirt" die Anlage schmackhaft. Die konnte alternativ auch fahrbar bestellt werden. Längst befand sich die Werkstatt nicht mehr im Hühnerstall, sondern auf einem eigenen Grundstück. Jäckle hatte zwischenzeitlich 20 Mitarbeiter. Das Patent übernahm später die Firma Weilbach aus Neuburg/Kammel. „Mein Vater wollte kein Fabrikant sein", erinnert sich Sohn Hermann Jäckle. Aus der Spezialfirma für schwenkbare Dunggreifanlagen wurde ein Landmaschinenbetrieb, in dem Landwirte auch Traktoren kaufen konnten. Bald kamen auch Autos dazu.

Ford-Vertragshändler mit eigenem Schauraum

Auf der Suche nach einem weiteren Standbein entdeckte Jäckle mit seiner Frau auf dem Autosalon in Brüssel den Ford Capri. Das flotte Sportcoupé, das heute noch Kult ist, hatte es ihnen angetan – ab 1968 verkauften die Jäckles Ford-Automobile. Als 1971 der Betrieb in Salgen aus allen Nähten platzte, erwarb Jäckle in Bad Wörishofen ein Grundstück und eröffnete im Jahr darauf als Vertragshändler der Kölner Autoschmiede einen Reparaturbetrieb. Als erster Händler im Unterallgäu stellte er 1975 seine Fahrzeuge in einem Schauraum aus. 1982 übernahm Sohn Hermann Jäckle die Firma. Er gründete 1987 in Mindelheim den ersten Ford-Betrieb. Übernommen hat er die Geschäftsphilosophie seines Vaters, der Ehrlichkeit und Fairness großschrieb. Hermann

Jäckle hat das Credo ausgebaut: „Wer fair, aufrichtig und zuverlässig gegenüber seinen Kunden ist, hat langfristig am meisten Erfolg", sagt er. Die Geschäftsbilanz bestätigt das: Jäckle hat an seinen drei Standorten heute 120 Mitarbeiter. Die meisten haben im Betrieb gelernt. Jäckle, der Sohn des Kanonenrohr-Tüftlers, sagt: „Man kann auch mit Lehre Karriere machen." Mit 21 Jahren wurde er selbst Mitgesellschafter, mit 27 hatte er das Geschäft übernommen und mit 50 entschied er sich für ein Studium nebenbei.

Zum Betrieb, der heute an den beiden Standorten die Marken Ford, Jaguar, Landrover, Volvo und Mercedes anbietet, gehört auch der größte Ersatzteillogistiker für Ford in Deutschland – PCS. Der Name steht für „Part Center Süd". Die Firma beliefert Ford-Händler von Coburg bis Mannheim und von Immenstadt bis Passau mit Original-Ersatzteilen und hat über 100 000 Positionen auf Lager. Mitgesellschafter ist die Schweizer Emil-Frey-Gruppe, Europas größter Automobilhändler. Deren Gründervater Emil Frey baute zeitlebens eine Autodynastie auf und war wie Franz Jäckle ein Tüftler. Und ein Pionier.

Er begann als Mechaniker und entschloss sich mit 26 Jahren, beruflich auf eigenen Beinen zu stehen. Mit einer Reparaturwerkstatt für Automobile und Motorräder hatte sich Frey seine große Leidenschaft für Motoren und den Rennsport zum Beruf gemacht. Seine Maxime: Ein optimales Preis-Leistungs-Verhältnis, das Angebot erstklassiger Produkte, exzellente Facharbeit sowie persönliche Betreuung. Emil Frey und Franz Jäckle hätten sich blendend verstanden.

Der Jäckle-Mistgreifer wurde auch nachgebaut. Eine Kopie steht noch in Wollmetshofen bei Fischach (oben).

Tüftler Franz Jäckle verkaufte später Landmaschinen (unten).

Sie stricken für den Krieg

Aus alten Kindersocken wurden während des Ersten Weltkriegs Pulswärmer für Soldaten. Auch Buben und Mädchen mussten stricken.

Alles neu macht der Mai: Für die Buben und Mädchen um 1914 begann das neue Schuljahr nicht nach dem Hochsommer im September, sondern im Mai. Das hatte im Kriegsjahr noch eine besondere Herausforderung: Die über 40 Schülerinnen der Mindelheimer Mädchenschule mussten nämlich stricken. Wie viele Frauen sollten sie Strümpfe, Leibbinden und Kniewärmer für die Soldaten herstellen. In den Zeitungen fanden sich damals auch Tipps, wie sich etwa aus ausgedienten Kinderstrümpfen „die schönsten Pulswärmer für unsere lieben Vaterlandsverteidiger" fertigen lassen. Aber Vorsicht bei der Farbwahl: Feldgrau sollten die Handschuhe und Pulswärmer sein, jede andere Farbe sei zu auffällig und daher „die Ursache von Handschüssen". Damit es den Schülerinnen während der Handarbeit fürs

Vaterland nicht langweilig wurde, las Karl Meggenrieder Geschichten vor. Seine Brüder standen derweil als Soldaten im Feld. Stephan Meggenrieder starb ebenso wie sein Bruder Franz. Karl Meggenrieder wurde nach dem Zweiten Weltkrieg selbst Lehrer – an der Oberschule in Mindelheim. Sicherlich hatte er eine modernere Auffassung von Pädagogik als die Schulväter von 1914. Anteil hatten daran freilich auch die Eltern.

Wie damals das Zusammenspiel von Schule und Elternhaus funktionieren sollte, war in der Wörishofer Rundschau zu lesen: „Erster Schultag, nun heißt es wieder für einen neuen Jahrgang unserer Kinder, den ersten Gang zur Schule zu machen. Tausende von Hoffnungen knüpfen sich seitens der Eltern an diesen Gang und tausende fragende Gedanken schwirren durcheinander. (...) Sie werden sich in nicht

allzu entfernter Zeit von selbst beantworten, und hier und da wird ein erfahrener Schulmann den besorgten Angehörigen Winke und Auskünfte geben, die für das Gedeihen der Kinder von unschätzbaren Werte sind. Und das ist es gerade, was nicht nur die moderne Pädagogik, sondern auch unsere moderne Gesellschaft überaus sehr verlangen: gedeihliches Zusammenwirken von Schule und Haus. Beide sollen an einem Strange ziehen. Die Schule soll nicht nur abstrakte Wissenschaft in humanistischer Weise lehren, sondern aus allen Wissensgebieten hinüberleiten in das praktische Leben, Anklänge zu finden suchen, wo nur immer solche aufzuspüren sind, und so gewissermaßen die Forderungen der Zeit mit jenem sittlichen Idealismus erfüllen, der erst den Menschen zur Krone der Schöpfung macht." Über 100 Jahre danach beklagen viele Lehrer genau das Gegenteil: Eltern kümmern sich immer weniger um ihre Kinder und verstehen Erziehungsarbeit als Aufgabe der

Schule. Der Zeitungsredakteur mit dem mahnenden Zeigefinger erkannte das damals vorausahnend und bohrte in der Wunde: „Das Elternhaus aber soll der Schule in keiner Weise entgegenarbeiten. Es soll die Lehrer moralisch unterstützen, wo es nur kann. Es soll nicht wegwerfend oder spöttisch über die eine oder andere Disziplin sprechen, die an und für sich wohl weniger praktisch wertvoll für das Leben ist, aber immerhin doch die Grundlage für andere Disziplinen abgibt, die in engerer Berührung mit der Praxis des Lebens stehen. Vor allem aber soll das Elternhaus das Kind niemals in Schutz gegenüber der Lehrer nehmen." Das Gegenteil nimmt heute bizarre Formen an: Da werden Lehrer über die Sozialen Medien von Eltern attackiert und beleidigt und am Ende müssen Richter zur Räson rufen.

Um 1914 mussten Mindelheimer Schülerinnen für Soldaten stricken. Rechts ist Vorleser Karl Meggenrieder zu erkennen.

Schüler müssen beim KZ-Bau helfen

Im Türkheimer Lager lebten viele Häftlinge, um Hitlers Pläne von der „Wunderwaffe" zu verwirklichen. Tausende starben in der Region.

Den Rüstungswahn der Nazis in den letzten Kriegsmonaten erlebten auch einige Oberschüler aus Mindelheim. Sie mussten im Herbst 1944 helfen, in Türkheim ein KZ zu errichten. Hubert Eichheim schildert in seinen Erinnerungen „Endmoräne", was damals passierte: In insgesamt elf Lagern sollten

die Arbeitskräfte unterkommen, die später in einer unterirdischen Flugzeugfabrik unter anderem die Me 262 montieren mussten. Der erste in Serie hergestellte Düsenjäger der Welt sollte noch die Kriegswende herbeiführen. In den monströsen Bunkern im Kies bei Kaufering wurde eine industrielle Produktion der „Wunderwaffe" geplant. Die Vorbereitungen liefen auf Hochtouren. Im Wald bei Zusmarshausen wurde das Flugzeug ab der Jahreswende 1944/1945 schon in kleiner Stückzahl hergestellt.

Nach Unterrichtsende seien die Schüler aus Mindelheim nach Türkheim verfrachtet worden, wo sie dann Zäune um das neue Lager ziehen mussten. Häftlinge erledigten die schweren Arbeiten, schildert Hubert Eichheim. Der Aushub wurde mit Loren auf Gleisen bewegt – von Gruppen, die dann traurig und fremdartig sangen. So jedenfalls erinnerte sich Armin Lang

Victor Frankl zeichnete das Lager Türkheim, wohin er im März 1945 gebracht wurde. Die US-Armee befreite es am 27. April 1945.

Ein besonderer Ort, um in sich zu kehren: In Türkheim erinnert eine KZ-Gedenkstätte an das Unrecht und die Schrecken des Zweiten Weltkriegs.

aus Ettringen, der als Oberschüler anfangs dabei war. Die Schüler hätten sich wegen des nassen und kalten Herbstwetters immer wieder in den Wartesaal des Türkheimer Bahnhofs geschlichen. Dort war es angenehmer als in der Kälte. Von dort konnten sie auch die Häftlinge in ihrer schwarz-weißen Kleidung und mit den kahl rasierten Köpfen beobachten. In seinem sehr persönlichen und lebendig formulierten Aufzeichnungen beschreibt der frühere Gymnasiallehrer Hubert Eichheim, wie der Bahnhof zu einer lebhaften Drehscheibe wurde: Dort hielten die Lokalbahnen nach Wörishofen und Markt Wald genauso wie Militär- und Lazarettzüge. Über die Schiene wurde das Material für den Bau des Lagers herangeschafft. In der Schalterhalle, die nach kaltem Kohlrauch roch, waren Gefangene, Verantwortliche der Bauleitung,

Wachmannschaften, Zwangsarbeiter, Fahrschüler und Reisende anzutreffen. Das Leid und den Schmerz der Tausenden, die hier versklavt wurden, konnten die Mindelheimer Schüler aber nur erahnen.

Schätzungsweise 23 000 Häftlinge wurden von Juni 1944 bis April 1945 in die Lager gebracht. 2500 sollen es in Türkheim gewesen sein. Dort herrschten erbärmlichste Bedingungen. Dazu kamen die mangelhafte Ernährung, die miserable Kleidung und Unterkunft

sowie die harten Arbeitsbedingungen. Nach den Erkenntnissen der Militärgeschichtlichen Sammlung Erinnerungsort Weingut II starben über 6000 Häftlinge an Erschöpfung, Hunger und Krankheit, weitere 2700 wurden als arbeitsunfähig in die Vernichtungslager Ausschwitz transportiert. Von der unterirdischen Flugzeugfabrik mit ihren fünf Stockwerken wurden 233 Meter fertiggestellt. Heute befindet sich in der Anlage eine Ausstellung, die an die düstere Geschichte erinnert.

Ein Fund weckt Erinnerungen an ein Massaker

Das Ende des Zweiten Weltkrieg stürzte Immelstetten und Eppishausen ins Chaos. Deutsche Soldaten flüchteten Hals über Kopf, feindliche Tiefflieger zielten auf hunderte Pferde einer Division.

Fast 60 Jahre danach wird der Schrecken an die letzten Kriegstage in Immelstetten wieder wach. Bei Bauarbeiten in der Nähe des Sportplatzes kommen im April 2002 Munition und Waffen ans Licht. Über 50 Gewehre, Handgranaten, Granatwerfer, Spreng- und Tellerminen sowie Panzerfäuste und Stahlhelme liegen dort im Dreck. Ein Sprengkommando wird gerufen. Fünf Stunden arbeiten die Spezialisten, um die gefährlichen Reste zu entsorgen. Über eine halbe Tonne kommt zusammen. Auch Knochen von Pferden werden entdeckt. Das deckt sich mit einem Bericht, der im Juni 1951 in der Mindelheimer Zeitung veröffentlicht wurde. Darin hieß es: Gut eine halbe Wegstunde südöstlich von Eppishausen, abseits der Straße nach Immelstetten, liegen in einem Tobel die Kadaver von 300 Pferden. Die Tiere seien von sechs US-Tieffliegern erschossen worden. Ein Augenzeuge berichtete: Ein letztes Aufgebot der Wehrmacht habe sich auf dem Rückzug in Richtung Süden befunden. Zwischen 10 und 14 Uhr sei die Einheit, eine pferdebespannte Artillerie-Division, aus der Luft angegriffen worden. Die Soldaten hätten sich in den nahen Wald retten können, während es für die Pferde keinen Schutz mehr gegeben hätte. Die „blühende Frühlingswiese" habe sich in ein „blutiges Schlachtfeld" verwandelt. Die getroffenen Tiere, die vor Schmerzen wild geschrien hätten, seien nach dem Tiefflieger-Angriff mit Gnadenschüssen erlöst worden. Die Bauern aus Eppishausen hätten später die Kadaver in den Wald gezogen, wo eine Grube geschaufelt worden war. An die 300 Tiere seien in das Loch geworfen worden. Füchse hätten das Fleisch gewittert und die Stelle wieder aufgescharrt. Noch Jahre danach seien im Wald blanke Pferdeknochen zum Vorschein gekommen. Detaillierter sind die Erinnerungen von Ludwig Klem-

Nach dem Krieg gab es im Landkreis Mindelheim rund 4000 Pferde. Der Bestand sank in den Jahren danach deutlich: 1962 waren es etwas weniger als 1000 Pferde im Altlandkreis, wie eine Grafik früher den Zeitungslesern verdeutlichte.

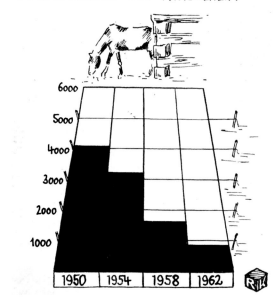

PFERDEBESTAND IM LANDKREIS MINDELHEIM

Pferde-Versteigerung.

Im Auftrage des Herrn Alois Horn versteigert der unterfertigte Darlehenskassenverein am Donnerstag, den 21. ds. Mts. im Gasthof zum „Rößle" in Wörishofen vormittags 11 Uhr:

7 aus Reichenhall eingeführte

Militär-Pferde

darunter sind 4 stärkere Rassepferde, 2 Ponny, 1 Halbponny.

Die Pferde sind tierärztlich untersucht und als gesund befunden.

Weiteres wird noch versteigert:

1 Leiterwagen und 2 Brustgeschirre.

Die näheren Bedingungen werden bei der Versteigerung bekannt gegeben.

Wörishofen, den 18. November 1918.

Der Darlehenskassenverein Wörishofen.

Pferde spielten im Krieg eine wichtige Rolle: Nach dem Ersten Weltkrieg gab es im Wörishofer „Rößle" Militärpferde zu ersteigern.

mer. Er hatte in einer Familienchronik aufgezeichnet, was sich vor 60 Jahren in Eppishausen zutrug. „Am 25. April 1945 verlief der Rückzug deutscher Truppen quasi auch durch Weiler. Im Ort, in den Höfen, auf den Straßen und im Wald standen Geschütze, Wagen mit Munition und Verpflegung", berichtet Klemmer. Die Pferde hätten Soldaten in Scheunen bei den Bauern in Sicherheit gebracht. Einige der jungen Burschen hätten ihre Uniformen abgelegt und versuchten dann in Zivilkleidung bei Nacht in ihre Heimatorte zu flüchten. Die Soldaten wussten wohl, dass sie Kriegsgefangenschaft erwartet. Rund 20 Soldaten seien allein in Weiler untergebracht gewesen.

Am 25. und 26. April sei in Eppishausen auf der Straße in Richtung Immelstetten unweit der Buchkapelle ein Kanonenhagel niedergegangen. Die traurige Bilanz: 13 Tote und zahlreiche Verwundete. Die Schule in Eppishausen war vom Roten Kreuz zum Notlazarett umfunktioniert worden, erinnerte sich Klemmer. Auf dem Dach sei das Haus mit einem Kreuz deutlich gekennzeichnet worden, was den Ort wohl vor der Zerstörung bewahrt habe. Am 27. April sei dann Schluss gewesen: Die eingeschlossenen Verbände hätten kapituliert. Der damalige Bürgermeister Jakob Kerler und der Ortsgruppenleiter hätten die Gemeinde am Ortseingang in Richtung

Kirchheim den Amerikanern übergeben. Am Kirchturm sei die weiße Fahne aufgehängt worden. Während die deutschen Soldaten in US-Gefangenschaft gingen, sei in vielen Häusern massenweise Kriegsmaterial zurückgeblieben. Auch auf den Feldern hätten Gewehre, Panzerfäuste und Munition herumgelegen. Am nächsten Tag mussten Waffen und Munition an Sammelplätzen abgegeben werden, die an der Kirchheimer Straße lagen. Die ehemaligen Kriegsgefangenen aus Polen, Frankreich und Russland hätten alles bewacht. Die Bauersfrauen mussten große Sammelgruben ausheben, in denen die toten Pferde vergraben wurden. Auch zur Waffensuche auf den Feldern wurden die Bewohner geschickt. „Meine Schwester Johanna und ich waren dafür im Einsatz", erinnerte sich Klemmer. Ein schwerer deutscher Panzer, der samt Brücke zwischen Aspach und Weiler in den Haselbach eingebrochen war, sei erst im Frühjahr 1947 auseinander genommen worden. Klemmer hat in seiner Familienchronik einen Wunsch hinterlassen: „Krieg ist etwas, was in Europa nicht mehr vorkommen sollte."

Durch die Hölle

In Wörishofen beginnt für die Holocaust-Überlebende Franka Mandel ein neues Leben. Sie hatte viele jüdische Frauen gerettet – mit ihrem Gesang.

Diese Stadt war Ende und Anfang zugleich: Für Franka Mandel ging in Bad Wörishofen ein unvorstellbarer Leidensweg zu Ende. Und ein neues Leben begann. Die jüdische Schneiderin aus Krakau war durch die Hölle gegangen, sie hatte den Holocaust überlebt. Franka Mandel wurde im Mai 1922 in Krakau als Tochter von Jakob Mandel und Salome Frischer geboren. Sie wuchs im jüdischen Viertel Kazimierz auf, einem Stadtteil von Krakau. Das Zentrum des jüdischen Lebens in Polen wurde bald vom NS-Terror erfasst. Franka Mandel und ihre Familie mussten ins Krakauer Getto umsiedeln; insgesamt lebten zu der Zeit etwa 64000 Juden in Krakau, was ein Viertel der Stadtbevölkerung war. Als Franka Mandel ins Getto Podgorze kam, war sie 16 Jahre alt. Mit 18 wurde sie mit vielen anderen ins KZ Krakau-Plaszow deportiert. Dort quälte der österreichische SS-Hauptsturmführer Amon Göth die Häftlinge – er war ein Sadist, der vom Balkon seiner Villa aus Spaß mit einem Gewehr auf Häftlinge zielte und sie erschoss. Das Martyrium war für Franka Mandel noch nicht zu Ende.

Über das KZ Częstochowa kam sie nach Ravensbrück. Dort wurde sie im März 1945 für einen Transport nach Schwaben ausgewählt. Die 21-Jährige wurde mit über 50 anderen jüdischen Frauen in Viehwaggons eingepfercht. Insgesamt waren es 500 Frauen, die im Zug froren, die Hunger und Durst hatten, die vor Angst in der Dunkelheit durchdrehten, die sich gegenseitig schlugen und bissen. Franka Mandel appellierte an die Jüdinnen: „Wir müssen aushalten. Wir werden zuhause erwartet. Wir müssen überleben." Nachts begann sie plötzlich zu singen. So rettete sie vielen Frauen das Leben. Eva Dános, die im selben Waggon kauerte, schrieb nach dem Krieg ihre Erinnerungen über den „Zug ins Verderben" auf: „Wir lauschen der fremden Weisen, und unsere Herzen fühlen Frieden." Die Freundin von Dános schluchzte bei den polnischen Liedern von Franka Mandel mit. Sie war schwach geworden. Dános: „Ihre Tränen fließen still." Franka Mandel sang immer weiter. Dános erinnerte sich: „Franka hat die Menschlichkeit in all den gekrümmten Elenden angesprochen und wachgerufen. Heute Nacht singen wir, heute Nacht sind es nicht unsere Körper, die leiden, heute Nacht bluten unsere Herzen. Die schreienden Stimmen sind heute Nacht verstummt, und die wildesten Frauen flüstern nur

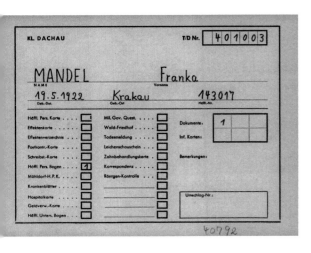

Franka Mandel war im KZ Dachau inhaftiert. Die jüdische Schneiderin wurde im Schreckensregine der Nazis entmenschlicht, zur bloßen Nummer.

Im Kurhotel Sproll befand sich 1945 das Feldlazarett der Amerikaner. Die Soldaten versammelten sich zum Fahnenappell. Für Holocaust-Überlebende wie Franka Mandel bedeuteten die US-Streitkräfte vor allem eines: Sicherheit, neuer Lebensmut und Hoffnung.

Namen in die Nacht, bis sie zum Thron des Allmächtigen gelangen und mit ihnen so manches Gebet für unsere Familien." Der Zug ins Verderben rollte zwei Wochen durch Deutschland. Eva Langley-Dános erlebte, wie ihre Freundinnen Hanna Dallos, Lili Strausz und Klara Erdélyi starben und wie die meisten Frauen besinnungslos wurden. Als der Zug in Burgau ankam, zählten die SS-Schergen 18 Tote. Es wurden noch mehr. Im Außenlager des KZ Dachau lebten 150 Männer, die im einige Kilometer entfernten geheimen Waldwerk Kuno den Düsenjäger Me 262 montieren sollten. Von den insgesamt 1000 Frauen aus den Lagern Ravensbrück und Bergen-Belsen, die mit Zugtransporten nach Süddeutschland gekommen waren, wurden 150 für leichtere Arbeiten in der Rüstungsstätte ausgewählt. Ob Franka Mandel noch die Kraft hatte, um im Wald die Düsenjäger zu lackieren, ist nicht bekannt. Gewiss ist nur: Als die Amerikaner immer weiter vorrückten, wurde das KZ Burgau aufgelöst. Die Frauen wurden nach Türkheim getrieben und dort Tage später von der US Army befreit. Abgemagert und mehr tot als lebendig kam Franka Mandel in Wörishofen an. Dort konnte sie langsam wieder zu Kräften kommen. Dort lernte sie Stefano Battesta kennen. Ein Italiener. Sie verliebten sich. Doch dann musste Stefano Battesta nach Hause, nach Mestre. Franka Mandel hatte kein Zuhause mehr. Die Amerikaner fragten sie 1948 einmal, ob sie in ihre Heimat zurückkehren wolle. Franka Mandel antwortete: „Nein. Ich habe alles und alle verloren." Franka Mandel kam im Hotel Austria am Denkmalplatz 21 unter. Darauf lässt eine Karte schließen, die an diese Adresse geschickt wurde – von Stefano Battesta. Eine Vermisstensuche. Über das Rote Kreuz schrieb er: „Erhalten Brief. Ich bin gut. Liebe Dich wie die erste Tag. Ist unmöglich Du kommen in Italien. Erwarten. Nicht vergessen mich. Grüss. Kiss. Stefano." Wenige Wochen bevor das Lebenszeichen von Stefano Battesta Franka Mandel erreichte, hatte sie einen neuen Halt in ihrem Leben gefunden. Am 2. März 1946 heiratete sie Moses Zellerkraut. Vermutlich kannten sich beide schon aus Krakau. Moses (eigentlich Morytz) hatte das Getto in Krakau, das KZ Plaszow und das KZ Mauthausen überlebt. Tochter Sela kam am 9. Oktober 1947 in Wörishofen zur Welt. Franka Mandel, ihr Ehemann und das Baby Sela starteten in ein neues Leben. Im Februar 1949 gingen sie in Hamburg an Bord der „Marine Flasher". Das Ziel: die Vereinigten Staaten. Die letzte Spur: eine Adresse in Chicago.

Die Retter der Entstellten

Auf der Mindelburg fanden Soldaten mit Gesichtsverletzungen zurück ins Leben. Auch ein späterer Nato-General war unter ihnen.

Johannes Steinhoff, der spätere Nato-General, war einer der entstellten Menschen, denen die Ärzte in Mindelheim zurück ins Leben halfen. Zwölfmal wurde das Jagdflieger-Ass des Zweiten Weltkriegs abgeschossen, zweimal hinter den feindlichen Linien. Der letzte Absturz, mit einer Me 262, war für den Luftwaffen-Kommodore der schlimmste: Steinhoff trug schwerste Brandverletzungen davon. Ein Auge erblindete. Steinhoff war seelisch gebrochen. 70 Mal musste er operiert werden. Tausende teilten sein Schicksal. Ihm auf die Sprünge halfen die Chirurgen auf der Mindelburg. Dort wurde in den letzten Kriegsmonaten eine Spezialklinik eingerichtet. Die Ärzte entwickelten Behandlungsmethoden weiter und gaben den überwiegend jungen Soldaten, die durch schwere Verletzungen ihr Gesicht verloren hatten, nicht nur ein neues Aussehen, sondern auch etwas Würde zurück. Die Retter der Entstellten leisteten für die moderne plastisch-rekonstruktive Chirurgie Pionierarbeit. Wie es um viele Soldaten stand, zeigte eine Beschreibung in der Mittelschwäbischen Tagespost aus dem Jahr 1950: „Da ist u. a. der Patient N., dem an der Ostfront ein Explosivgeschoß den ganzen Unterkiefer weggerissen hat. Sein Anblick vor der Operation war geradezu erschütternd. Er sah kaum noch menschenähnlich aus und konnte kaum sprechen und nur in liegender Stellung essen und trinken. Wegen seines traurigen Körperzustandes war er auch seelisch in schlimmster Verfassung. Durch eine ausgezeichnet gelungene Operation wurden diesem Manne die fehlenden Bruchteile des Unterkiefers neu aufgebaut, so daß er den Mund wieder schließen konnte. Einige Monate später erhielt er den fehlenden Unterkieferknochen durch einen großen Knochenspan aus der Hüfte ersetzt, wodurch die Grundlage für die Neugestaltung des Unterkiefers geschaffen wurde. Der jetzigen Gestaltung des Gesichtes ist von der Schwere der Verletzung nichts mehr anzumerken; die Operationen hinterließen nur unbedeutende Narben. Der Behandelte steht wieder in Arbeit. Ein anderer Kriegsbeschädigter hatte durch Granatsplitter sein rechtes Auge und einen Großteil der Schleimhaut der Augenhöhle verloren. Die Vernarbungen in der Augenhöhle waren so stark, dass ein künstliches Auge niemals hätte eingeführt werden kön-

Der spätere Nato-General Johannes Steinhoff gehörte zu den Patienten auf der Mindelburg.

Auf der Mindelburg wurde in den letzten Kriegsmonaten ein Lazarett eingerichtet.

nen. Um dies doch zu ermöglichen, wurden die Narben aus der Augenhöhle operativ entfernt und es wurde ein Hautstückchen vom Unterarm als Ersatz für die Schleimhaut in die Augenhöhle eingepflanzt. Über diesen Schleimhaut-Ersatz wurde dann das Augenlid, das das Kunstauge hält, neu aufgebaut."

Leitende Ärzte auf der Mindelburg waren Prof. Dr. Dr. Martin Hermann und sein Nachfolger Dr. Johannes Müller. Beide waren im Januar vom Reserve-Lazarett IV in Breslau mit ihren Patienten und Angestellten nach Mindelheim geflüchtet. Hals über Kopf: Die vielen Verwundeten mit über 100 Schwestern, Angestellten und 35 Ärzten zogen mitten im Krieg auf verschneiten Landstraßen nach Westen. Je 20 Verwundete und ein Arzt zogen schwere Karren, auf denen sich Instrumente, Medikamente und Teile der Einrichtung befanden. Unterwegs mussten Patienten weiter

behandelt und Verbände gewechselt werden. Alle 400 Meter wurde eine kurze Pause eingelegt. Nach vier Wochen kam der Tross aus Chirurgen, Schwestern, Technikern, Sanitätssoldaten und Patienten an. Für die Gesichts- und Kieferverletzten wurden in Mindelheim mehrere Lazarette eingerichtet: Der Altbau der Maristen-Oberschule war mit etwa 800 Betten belegt. In der alten Knabenschule in der Reichenwallerstraße sowie im Arbeitsdienstlager in der Georgenstraße standen je 200 Betten. Auf der Mindelburg waren durchschnittlich 160 bis 180 Betten belegt. So

kamen 1945 insgesamt rund 1200 Patienten auf die Burg. Für das historische Gemäuer war das Lazarett ein Glücksfall: Es blieb so vor feindlichen Angriffen verschont. Arzt Herrmann konnte übrigens auch Hitlerjungen zum Abzug bewegen – sie wollten die Burg bis zuletzt verteidigen. Der Mediziner wird deshalb auch als „Retter der Mindelburg" bezeichnet. In einer umfangreichen Facharbeit über die Lazarettstadt Mindelheim hielt Alexander Hauk fest: Von 1400 Verwundeten war die Zahl der Verletzten bis zur Besatzungszeit am 26. April 1945 auf 1100 zurückgegangen. Am Jahresende waren es noch 575. Fast 40 Ärzte und Zahnärzte, 80 Schwestern und 36 Zahntechniker versorgten die Verwundeten. Bis 1957 griffen die Mediziner in 921 größeren und 226 kleineren Operationen und in 9800 Spezialbehandlungen heilend ein. Die beiden Lazarettapotheken verarbeiteten im Zeitraum von einem knappen Jahr 20 Zentner Pulver zu Lösungen, Salben, und Pudern. An flüssigen Arzneimitteln wurden 8000 Liter verbraucht.

Im Herbst 1950 wurde die Mindelburg als Versehrtenkrankenhaus aufgelöst. Die verbliebenen Patienten kamen nach Bad Tölz, wohin es auch Dr. Müller verschlug. Als er 1975 in den Ruhestand ging, kamen über 150 Patienten aus ganz Deutschland in die Kurstadt an der Isar, um den „Vater der Gesichtsverletzten" zu ehren. 1978 erhielt er das Bundesverdienstkreuz am Bande. Müller leitete fast ein Vierteljahrhundert die Kieferabteilung im Tölzer Versorgungskranken-

haus – dabei entstanden auch viele Freundschaften mit Patienten. Müller war zum Beispiel mit dem früheren Stadtdirektor von Bad Godesberg und Bonn, Dr. Fritz Büse, befreundet. Und mit Nato-General Johannes Steinhoff. Zusammen wanderten sie oft von Wackersberg zur Waldherrnalm unterhalb des Tölzer Blombergs. Im Alter von 86 Jahren ist der Mann mit den goldenen Händen, der Chirurg, der zahlreichen Kriegsverletzten durch seine Kunst ein menschenwürdiges Leben ermöglichte, in seiner zweiten Heimat Bad Tölz gestorben. Allein rund 500 Knochen- und Hauttransplantationen hat Müller durchgeführt. 50 ehemalige Patienten aus dem Lazarett Mindelheim kamen 1996 in den Isarwinkel, um bei einem Festakt am Tölzer Waldfriedhof eine Gedenktafel anzubringen.

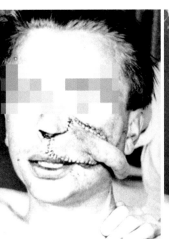
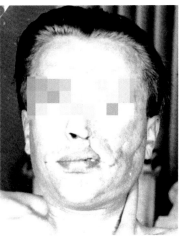
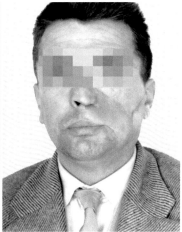

Zurück ins Leben: Die Bilderstrecke zeigt den Heilungserfolg eines im Krieg verletzten Patienten.

Plötzlich ganz allein

Eltern schickten ihren Sohn, den elfjährigen Werner Liebschütz in die Schweiz. So überlebte er den Naziterror, der seine komplette Familie auslöschte. Wie Werner Lipton in den USA ein berühmter Wissenschaftler wurde.

Eine Postkarte vom Mai 1942 ist das letzte Lebenszeichen seiner Eltern. „Wir wohnen alle im Getto, eng beisammen, auf dem Boden, ohne Stroh die meisten. Grüße auch recht herzlich meinen Werner, dem es hoffentlich gut geht", schreibt Jakob Liebschütz. Es ist das letzte Lebenszeichen der Mindelheimer. Erst nach dem Krieg wird sein Sohn Werner erfahren: Seine Eltern haben das Getto Piaski nicht überlebt. Seine Großmutter ist im KZ Theresienstadt gestorben. Und seine Tante und sein Onkel Berta und Max Bach wurden ebenfalls in einem Lager ermordet. Werner Liebschütz hat alle Angehörigen verloren.

Mit elf Jahren brachten ihn seine Eltern über Bekannte von Friedrichshafen in die Schweiz. Eine schwere Entscheidung. Aber sie sollte ihrem Sohn das Leben retten. Selbst ausreisen konnten Fanni und Jakob Liebschütz nicht. Ihr Antrag auf einen Familien-

Werner Liebschütz wuchs mit seinen Eltern Jakob und Fanni in Mindelheim auf.

reisepass zur Auswanderung kam im Frühjahr 1941 zu spät. Das Problem: Das Bezirksamt hatte den Pass von Jakob Liebschütz bereits am 13. Oktober 1938 eingezogen. Und Fanni Liebschütz besaß keinen eigenen Ausweis. Sie war 1927 von München mit nach Mindelheim gekommen, um die Eltern ihres Manns im Textilgeschäft zu unterstützen. Die Familie hatte zunächst beim Oberen Tor ein Geschäft, später in der Maximilianstraße. Die Geschichte von Fanni und Jakob Liebschütz hat Berndt Michael Linker in seinem Buch „Mindelheim im 20. Jahrhundert" genau beschrieben.

Viele Mindelheimer halfen der Familie

Der Historiker geht auf das Kaufhaus von Samuel Liebschütz ein, die Zeit von Jakob als Frontkämpfer im Ersten Weltkrieg, die antisemitische Hetze und Mindelheimer, die der jüdischen Familie halfen. Franz Peter, damals Prokurist bei der Firma Kleiner, gehörte dazu. Er hatte das Anwesen in der Maximilianstraße 18 erworben und freute sich, mit Jakob Liebschütz einen Mieter für die Geschäftsräume

Das Geschäft der Familie konnte ungehindert bis zum November 1938 Werbung betreiben.

gefunden zu haben. Nach den Recherchen von Berndt Michael Linker war die Mindelheimer NSDAP darüber aber nicht glücklich: Die SA schloss Franz Peter aus. Der ließ sich nicht einschüchtern und gab seine gesamte SA-Ausrüstung ab. Der Gebäudereferent Gonser, Mitglied im Stadtrat, weigerte sich im Jahr 1935, der Familie die Wohnung in seinem Haus zu kündigen. Er stellte sogar sein Mandat zur Verfügung. Auch Hans und Rosa Fackler halfen Jakob Liebschütz, dem bekannten Geschäfts- und Sportsmann, unter die Arme: Er konnte 1941 im Sägewerk mitarbeiten und wurde dafür von den Facklers gut versorgt. Zu dieser Zeit war der Familie bereits der Boden unter den Füßen weggezogen worden. Fanni und Jakob Liebschütz erhielten auch Hilfe von ihrer ehemaligen Angestellten Anna Thauer, als sie 1942 fast aller Habseligkeiten enteignet in einer kargen Wohnung in der Dreerstraße untergekommen waren. Dann wurden sie mit anderen schwäbischen Juden im April 1942 ins Ghetto Piaski bei Lublin deportiert. In der polnischen Kleinstadt mit einer langen und traditionsreichen jüdischen Geschichte verliert sich ihre Spur. Die aus Schwaben und Oberbayern Deportierten mussten die Wohnungen ihrer ermordeten Vorgänger beziehen. Die Lebensbedingungen im Getto waren katastrophal. Es herrschte eine unvorstellbare Enge. Ernährung und hygienische Verhältnisse waren unzureichend. Die gebürtige Augsburgerin Ernestine Obernbreit erinnerte sich: „An Hunger starben hier täglich 20 bis 30 Menschen, die zu vollkommenen Skeletten abgemagert waren. Trotz dieser katastrophalen Verpflegungsverhältnisse wurden alle arbeitsfähigen Männer und Frauen täglich gruppenweise zu Erd-, Garten- und Straßenunterhaltungsarbeiten herangezogen. Auch im Getto selbst gab es genug Arbeit, wie die Reinigung und Vertiefung der Abflussgräben und Rigolen, die Errichtung von Latrinen und immer wieder Latrinen, die nie ausreichten." Wer nicht an Hunger oder Krankheiten starb, wurde im Juni 1942 ins Vernichtungslager Sobibor verschleppt.

Werner Liebschütz, der einzige Sohn von Jakob und Fanni, wuchs währenddessen als unbegleiteter minderjähriger Flüchtling in Kinderheimen in der Schweiz auf. Als die Alliierten den Krieg beendet hatten, war der Mindelheimer 16. In Europa hielt ihn nichts mehr – über Italien wanderte er im Mai 1946 nach Amerika aus und kam dort zunächst bei Verwandten unter. Er änderte seinen Namen in das besser aus-

Der Spieler

Jakob Liebschütz spielte mit anderen Mindelheimern Fußball und diente im Ersten Weltkrieg in der Königlich-Bayerischen Armee. Nach einer Verwundung erhielt er das Eiserne Kreuz. Mit dem Dritten Reich wurde plötzlich alles anders: Im Oktober 1938 wurde sein Pass eingezogen. Vier Jahre später musste er mit seiner Frau und 120 anderen Juden aus der Region in das Getto Piaski, wo beide starben.

Im Sport vereint: Als junger Mann war Jakob Liebschütz Teil der Mannschaft. Die Konfession spielte damals keine Rolle.

Der Fußball ....

Handgenäht und aus bestem Leder; Fußbälle waren früher Unikate. Auch Tore. Nicht aus Alu, sondern aus Holzlatten wurde gebaut.

1. Mannschaft der Fußball-Abteilung des M.-T.-V. Mindelheim.

Hämmerle · Löhle · Füchsle · Sonnet · Liebschütz · Keller · Baumann · Schmid · Saam · Baur · Fischer · Höbel

sprechbare „Lipton". In Detroit holte er seinen Schulabschluss nach und lernte die Liebe seines Lebens, Joan Lindskold, kennen. Er studierte Pflanzenbau an der Michigan State University und an der University of California. In Pflanzenphysiognomie machte er seinen Doktor. Er wurde zu einem der renommiertesten Wissenschaftler auf dem Gebiet des Landbaus. Lipton untersuchte zum Beispiel, wie sich Früchte und Gemüse besser zwischen Ernte und Verkauf transportieren und haltbarer machen lassen. Lipton analysierte auch, welche Folgen Sauerstoffentzug bei der Verpackung hat oder wie Tüten aus Polyethylen eingesetzt werden können. Er verfasste über 900 wissenschaftliche Werke und gab Bücher über das methodische Arbeiten heraus. Er hatte auch ein Herz für die kleinen Leute und gab

Ratschläge, wie sich das Leben mit einfachen Mitteln verbessern lässt. Zuletzt beschäftigte er sich mit den Problemen des Öffentlichen Nahverkehrs. Werner Lipton war ein begeisterter Radler: Jeden Tag legte er neun Meilen zurück. Der Garten zählte genauso wie das Reisen zu seinen großen Leidenschaften. Ob er jemals zu seinem Geburtsort zurückkehrte, ist nicht bekannt. Heute erinnert ein Gedenkstein in der Maximilianstraße an die Familie. 2006 ist Werner Lipton einem Krebsleiden erlegen.

Das letzte Lebenszeichen: Die Eltern Liebschütz schickten ihrem Sohn Werner eine Postkarte aus dem Getto Piaski.

Aus Friedensgeläut wird Kanonendonner

Kirchenglocken für die Kriegsrüstung: Viele historische Glocken wären beinahe eingeschmolzen worden.

Die Älteren, die noch den Ersten Weltkrieg erlebt hatten, sagten: „Wenn die Glocken wieder weg müssen, dann wird der Krieg verloren." Sie sollten Recht behalten. Trotzdem verstummten tausende Glocken in Deutschland. Die Rüstungsindustrie benötigte während des Zweiten Weltkriegs Kupfer und Zinn. Um das zu gewinnen, war jedes Mittel recht. Auch die Mindelheimer Sebastianiglocke wurde vom Kirchturm geholt – genauso wie die Glocken in Köngetried, Böhen, Illerbeuren oder Loppenhausen. Der Mindelheimer Stadtpfarrer Schorer hatte insistiert und immer wieder den historischen Wert betont. Schließlich stammte das gute Stück aus dem Jahr 1697. Gegossen wurde die 2600 Kilogramm schwere Glocke von Franciscus Kern in Augsburg. Sie kostete 678 Gulden – viel Geld für die damalige Zeit. Bezahlt hatte den Guss die Sebastianibruderschaft. Geweiht wurde die Glocke dann am 23. Oktober 1713. Damals regierte John Churchill of Marlborough das Reichsfürstentum Mindelheim. Er war Feldherr im Spanischen Erbfolgekrieg und der erste

Die Sebastianiglocke in Mindelheim hatte bereits den Ersten Weltkrieg überstanden. Sie war 1918 konfisziert worden.

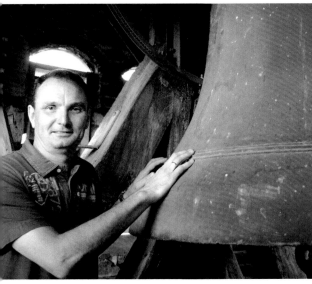

Der Stolz von St. Martin in Breitenbrunn: Kirchenpfleger Reinhard Ammann zeigt die über 400 Jahre alte Glocke im Turm, die im Zweiten Weltkrieg eingeschmolzen werden sollte. Sie blieb jedoch erhalten und kehrte 1947 vom Hamburger Glockenfriedhof zurück.

Die Inschrift verrät's: Die große Glocke von Breitenbrunn wurde 1610 in Augsburg von Wolfgang Neidhardt gegossen.

Duke of Marlborough. Marlborough war ein Vorfahre des späteren britischen Premierministers Sir Winston Churchill. Ebenso zählen Diana, Princess of Wales, und William, Duke of Cambridge, zu seinen Nachkommen. Die Geschichte wollte die Nazis nicht beeindrucken. Sie ließen die Glocke abtransportieren. Wohl auch aus ideellen Gründen. Schließlich ging es den braunen Machthabern generell darum, die Position der Kirche zu schwächen. Kirchenglocken waren den Nazis als Ausdruck christlichen Glaubens ein Dorn im Auge; denn schon wenige Tage nach Kriegsbeginn am 1. September 1939 verbot das Regime

vorübergehend das Läuten der Friedenssymbole – da sie angeblich die Abhörgeräte der Flugabwehr störten. Die meisten Glocken in Deutschland wurden 1942 nach einem Beschluss von Hermann Göring abtransportiert.

In Hamburg entstand ein Friedhof für Glocken

Zunächst wurden sie je nach historischem Wert in vier Gruppen eingeteilt, wobei 77 Prozent aller Glocken in die ungeschützte Gruppe A fielen und vernichtet wurden, darunter sogar viele kostbare aus dem Mittelalter. Zwei Jahre nach dem Krieg erreichte Mindelheim die erlösende Nachricht,

die sich wie ein Lauffeuer in der Stadt herumsprach: Die Glocke hatte den Krieg überstanden. Sie wurde nicht eingeschmolzen. Vermutlich stand sie wie tausende andere im Hamburger Hafen.

Dort entstand ein regelrechter Glocken-Friedhof. Auf der Veddel landeten fast 90 000 Glocken, die in ganz Deutschland und den besetzten Gebieten beschlagnahmt, vernichtet und dann zu „Glockenbruch" zerschlagen wurden, ehe sie in der „Norddeutschen Affinerie" in die Schmelzöfen wanderten. Nach Kriegsende lagerten an der ehemaligen Zentralen Sammelstelle noch rund 13 500 Glocken, von

denen aber viele Risse bekommen hatten, weil sie einfach aufeinander gestapelt worden waren. Im Sommer 1947 kam die Sebastianiglocke nachts mit dem Güterzug zurück. Am 10. Juli wurde sie wieder in den Turm von St. Stephan aufgezogen. Im selben Jahr kehrte auch die 16 Zentner schwere Glocke von Breitenbrunn zurück. Sie wurde 1610 gegossen und war ein Geschenk von Christoph Fugger, Freiherr von Kirchberg und Weißenhorn, Herr zu Mindelheim, und seiner Gemahlin Maria, geborene Gräfin zu Schwarzenberg und Freifrau zu Hohenlandsperg. Sie wurde auch Türkenglocke genannt: Wenn sie läutete, sollten die Menschen beten, um die Gefahr vor den heranziehenden Türken abzuwenden. Doch dazu kam es nicht. Die Glocke brachte dafür anderes Unheil:

Am 24. Februar 1948 wurde die „Elfuhrglocke", die 1942 vom Turm in Loppenhausen geholt wurde, in Hamburg wieder entdeckt, zurückgebracht und auf den Turm gezogen. (links)

Wiederkehr der Pfaffenhausener Glocken nach dem Krieg, mit feierlicher Glockenweihe, anno 1948. (rechts)

Der junge Johannes Feyerabendt wurde von ihr erfasst, als er zum Begräbnis der verstorbenen Christina Thaiserin läuten wollte. Wenige Jahre später wurde laut Meldung der Mittelschwäbischen Tagespost auch das Kind des Tafernwirtes Maier beim Läuten von der Glocke erschlagen.

Wer die bewegte Geschichte der Glocken kennt, denkt heute vielleicht anders: Der Klang von Kirchenglocken ist keine störende Lärmquelle, um die bisweilen vor Gericht gestritten wird. Das Geläut strahlt eine besinnliche Ruhe aus.

KAPITEL 03

AM BODEN UND IN DER LUFT

Singvögel, Flugzeuge und andere Überflieger

In Serie ging es nie: Das kleine „Rotschwänzle", das bei einer Modellbauschau in Bad Wörishofen gezeigt wurde. Es zeigte aber: Im Unterallgäu wird über Ideen gebrütet, hier ist großer Erfindergeist zu Hause.

Viele Stunden steckten Modellbaufreunde in den Nachbau eines Oldtimers, der im März 1972 bei der Ausstellung des Modellfliegerclubs Bad Wörishofen präsentiert wurde. Vor allem Kinderherzen ließ das „Rotschwänzle" höher schlagen – denn was gibt es aufregenderes, als in einem fast echten Flugzeugcockpit zu sitzen? „Rotschwänze" gab es tatsächlich. So hießen Jagdflugzeuge im Ersten und Zweiten Weltkrieg, die wegen ihres farbigen Hecks im Volksmund den Namen der Singvögel bekommen hatten.

Vielleicht wurde mit dem Oldtimer-Nachbau auch beim einen oder anderen Nachwuchspiloten der große

Die Öttil-Brüder aus Türkheim entwendeten eine Bf 110 vom Messerschmitt-Werk in Haunstetten und flogen sie nach Frankreich. Dort wollten sie vermutlich die geheime Technologie den Franzosen übergeben.

Traum geboren, eines Tages selbst eine fliegende Maschine zu konstruieren. Erfüllen ließ sich dieser Traum bei Grob: Im 1976 gegründeten Flugzeugwerk entstanden etliche Luftfahrzeuge. Berühmt sind die Höhenforschungsflugzeuge Strato 1 und Strato 2C. Ab 1987 entstand bei Grob das vier- bis sechssitzige Reiseflugzeug GF 200, das wegen seines neuartigen Antriebs die Luftfahrt in Staunen versetzte. Der Prototyp war eines der ersten, primär in Kohlenstofffaser-Verbundbauweise entwickelten und hergestellten Luftfahrzeuge Deutschlands. Auch der Antrieb ist so ungewöhnlich wie genial: Ein Kolbenmotor treibt über eine Fernwelle den Propeller im Heck an. Der Erstflug der GF 200 fand am 26. November 1991 statt. Wer das Flugzeug heute sehen will: Die Unterallgäuer Entwicklung wird als Klassiker der Luftfahrt im Deutschen Museum in München ab 2020 wieder ausgestellt. Ganz andere Überflieger kamen aus Türkheim: Die Rede ist von den Brüdern Franz Xaver und Johann Öttil, die eine Bf 110 gestohlen und nach Frankreich geflogen hatten. Franz Xaver Öttil, 1914 als Sohn eines Schneidermeisters

Das Kreuz

Das Griechische Kreuz am Leitwerk war das Hoheitszeichen der Luftstreitkräfte im Deutschen Kaiserreich. Die Ursprungsform geht auf den Deutschen Orden zurück, dessen Mitglieder mit der Abwandlung des Kreuz Christi ihre christliche Prägung zeigen wollten.

Die Tragflächen

Flügel in Spantenbauweise haben einen großen Vorteil: Sie lassen sich mit Folie umspannen und sind trotz eines geringen Gewichts stabil. Durch das gewölbte Profil der Tragflächen entsteht der dynamische Auftrieb, der das Flugzeug in der Luft hält.

Der Rotschwänzle-Nachbau wurde bei einer Modellbauschau 1972 in Wörishofen gezeigt. Kinder durften im Cockpit probesitzen.

geboren, wurde zunächst Automechaniker in der Tankstellen-Werkstatt Fingerle. Dann ließ er sich 1935 zum Piloten ausbilden. Angeblich wurde er aus der Luftwaffe entlassen, weil er nicht genügend Disziplin zeigte. Einmal soll er mit dem Doppeldecker Focke-Wulf 44 unter der Türkheimer Wertachbrücke hindurch geflogen sein.

Zwischenlandung in Türkheim

Angeblich habe er auch bei einem Überflug das Dach seines Elternhauses gestreift. Beim Luftrüstungsunternehmen Messerschmitt in Augsburg fand der Draufgänger eine Anstellung. Doch dann passierte, was niemand geahnt und für möglich gehalten hatte. Öttil stahl ein Flugzeug. Im Mai 1939 sollte eine Staffel Bf110 vom Flugfeld in Haunstetten nach Leipheim überführt werden. Während die Piloten auf den Startbefehl warteten, stieg Mechaniker Franz Xaver Öttil heimlich in eine der Maschinen. Er startete die beiden Motoren und hob ab. Der Flug dauerte nur wenige Minuten. Öttil landete in Wörishofen, wo sein Bruder Johann wartete. Er betankte die Bf 110 mit weiterem Treibstoff. Dann stiegen sie gemeinsam auf und steuerten in Richtung Westen. Ihr Ziel: Pontarlier in Frankreich. Wollten sie dort den französischen Geheimdienstoffizier André Sérot treffen, wie später gemunkelt wurde?

Die Antwort haben die beiden Brüder mit ins Grab genommen. Denn beide starben beim Versuch, die Maschine zu landen. Vermutlich wegen des schlechten Wetters stürzten die Brüder nach einer Stunde Flugzeit auf einem Hochplateau zwischen Besancon und der Schweizer Grenze eineinhalb Kilometer südöstlich von Villers-sous-Chalamont ab. Die Leichname wurde nach Deutschland überführt, die Wrackteile blieben in Frankreich. Die französische Gendarmerie berichtete: Der Pilot habe einen blauen Monteuranzug und sein Bruder Johann Zivilkleidung getragen. Das Wrack sei geborgen und nach Dijon gebracht worden, wo Motoren und Waffensysteme untersucht werden sollten. Über den Vorfall finden sich heute kaum Dokumente. Die deutschen Verantwortlichen mit Feldmarschall Hermann Göring hatten sie wohl verschwinden lassen – zu peinlich war der Flugzeug-Diebstahl. Auch André Sérot konnte die Nachwelt nie über den Flug der Öttil-Brüder aufklären. Er starb wenige Jahre nach Kriegsende nach einem Attentat in Jerusalem. Er war mit Folke Bernadotte auf einer UN-Friedensmission unterwegs. Der Schwede hatte während des Weltkriegs die Frau von Sérot, Berthe Grünfelder, aus dem KZ Ravensbrück befreit.

Sérot hatte zu Beginn des Kriegs mit falschen Papieren in Deutschland versucht, den Widerstand aufzubauen und zu unterstützen. Als die Deutschen Frankreich besetzten, schloss er sich dem Geheimdienst an. Zwei Jahre nach dem Flug der Öttil-Brüder – auf den Tag genau – gab es einen weiteren Versuch, eine Bf110 ins Ausland zu bringen. Diesmal saß Rudolf Heß am Steuer. Die Maschine des Hitler-Stellvertreters zerschellte in Schottland. Heß war noch rechtzeitig auf 1800 Metern ausgestiegen. Das Motiv für den Flug zum Feind gehört zu den großen Rätsel des Dritten Reiches. Denn was wollte ausgerechnet der Stellvertreter des Führers mitten im Krieg im Land des Gegners?

Vorsicht Velocipedist!

Eine Gesellschaft wird mobiler: Vor über 120 Jahren schlossen sich Radfahrer in Vereinen zusammen. Warum das Velo während des Ersten Weltkriegs stehen bleiben musste.

Sie gehören zu den ältesten in Bayern: 1883 wurde der Veloclub Mindelheim gegründet, sechs Jahre darauf der Velociped-Club Türkheim. Die Mitglieder übten auf den Drahteseln, fuhren Rennen oder besuchten gemeinsam andere Vereine. Beim Stiftungsfest

1923 in Salgen entstand zum Beispiel die Fotografie, die eine Türkheimer Abordnung zeigt. Damals gehörten die Velocipisten schon fest zum Straßenbild. Die meisten Räder hatten bereits einen Kettenantrieb und waren mit einer Hebelübersetzung ausgestattet.

Eine Vorstellung, wie die Velocipede aussahen, geben die Anzeigen, die Wilhelm Seitler in den letzten Jahren des zu Ende gehenden 19. Jahrhunderts im Mindelheimer Anzeigeblatt schaltete.

In Mindelheim wurde ein „Motorzweirad" angeboten

Er war einer der großen Händler der Region, der Räder ab einem Preis von 160 Mark verkaufte. Dazu gab's „sämmtliche Zubehörtheile", die „besteingerichtetste Reparaturwerkstätte" und die „Zusicherung reellster Bedienung". Seitler bot 1894 sogar ein „Motorzweirad" an, das aus der Münchner Werkstatt Hildebrand und Wolfmüller stammte. Ein weiteres Lager mit Rädern der Marken Viktoria, Herkules, Naumann und Excellent gab es in der Werkstatt Rudolf in

HILDEBRAND & WOLFMÜLLER. MÜNCHEN.

Velociped-Club Mindelheim
Consulat der Allgemeinen Radfahrer-Union
Deutscher Touren-Club (e. B.).
Morgen Montag den 23. Januar
Generalversammlung
im Vereinslokal Café Lederle (Nebenzimmer).
Das Consulat.

Die Produktion

Nach dem Ersten Weltkrieg erlebte das Fahrrad einen ersten Boom: Es wurde am Fließband gefertigt und war erschwinglich geworden. Deutschland hatte mit Opel, Adler und Wanderer die weltweit größten Fabriken.

Die Mitglieder des Türkheimer Velocipedist-Clubs besuchten 1923 das Stiftungsfest in Salgen.

Kirchheim, dessen Eigentümer in der Zeitung versprach: „Reparaturen werden prompt und billig ausgeführt."

Die Menschen mussten sich damals erst an das neue Fortbewegungsmittel gewöhnen. In der Zeitung wurde deshalb eindringlich erklärt, was es mit der Glocke am Lenker auf sich hat. Die Leser erfuhren beispielsweise im Krumbacher Boten: „Das Klingeln der Radfahrer wird von einem Theil des Fußgängerpublikums immer noch falsch aufgefasst und viele Unfälle und Zusammenstöße sind diesem Umstande zuzuschreiben. Das Glockenzeichen des Radfahrers soll dazu dienen, dem Fußgänger zu melden: Vorn oder hinten kommt ein Rad, bitte also möglichst geradeaus zu gehen!" 1904 gab es sogar Tipps für die richtige Atmung auf dem Radl: „Wie bei Hitze so ist auch bei Kälte die Atmung durch Nase der durch den Mund vorzuziehen. Besonders gilt dies bei rauhen Winden. Atmet man durch den Mund, so dringt der Strom der kalten Luft

viel zu stark und unvermittelt in die erhitzte Lunge ein. Mancher Schnupfen, manche Halsindisposition, ja manche schwere Lungenentzündung hätte durch Nasenatmung vermieden werden können. Sobald man gezwungen ist, den Mund zu öffnen, wird den Atmungsorganen und dem Herzen eine zu große Anstrengung zugemutet und man muss das Tempo mäßigen." Vielleicht hätte eine angemessene Geschwindigkeit auch das eine oder andere Unglück verhindert. So wie im August 1897. Das sechsjährige Töchterchen des Söldners Mathias Peter von Bebenhausen wurde von einem „Velocipedisten" überfahren. Das Mädchen lag „unter fortwährenden Erbrechen krank darnieder", stand in der Zeitung. Der moralische Zeigefinger des Redakteurs: „Möge dieser Fall jedem Radfahrer zur Warnung dienen, ja recht vorsichtig zu sein beim Fahren durch Ortschaften."

Eine Geschwindigkeitsbegrenzung wurde dann während des Ersten Weltkriegs überflüssig. Der Rad-

Frauen auf dem Rad

Bei den Türkheimern Velocipedisten durften auch Frauen radeln. Das war vielen Männern einige Jahre vorher noch ein Dorn im Auge gewesen: Denn zunächst galt das Rad als gebärfeindlich. Frauen sollten sich außerdem in der Öffentlichkeit nicht erhitzen. Tatsächlich ging es Männern nur darum, die durch das Rad gewonnene neue Freiheit und Mobilität nicht zu teilen.

verkehr wurde nämlich gesetzlich eingeschränkt. Wie der Wörishofer Rundschau vom 21. August 1918 zu entnehmen ist, wurde die „Fahrradbenützung zu Sportzwecken" verboten. Die Polizei sollte das Verbot „strengstens und unnachsichtig" durchführen" im Interesse der „Bevölkerungsklassen", die beruflich auf das Radl angewiesen sind." Will heißen: Nur wer beruflich auf ein Radl angewiesen war, sollte es auch nutzen dürfen.

Damals gab es eine Reihe von kuriosen Verboten: Im Kriegsjahr 1914 war zum Beispiel an Silvester in Berliner Lokalen kein „überlautes Zuprosten"

Klappern gehört zum Geschäft: In Mindelheim tobte ein Konkurenzkampf unter den Fahrradhändlern.

gestattet, denn: Die Menschen sollten lieber „der Krieger in den kalten Schützengräben gedenken". Auch „Jammerbriefe" wurden verboten. 1917 erschien in der Presse der Aufruf: „Schreibt keine Jammerbriefe." Der Appell der obersten Militärs richtete sich vor allem an die Frauen in der Heimat. Sie sollten die Moral der Männer an der Front „nicht beeinträchtigen".

Der Pionier der Benzinkutsche

Johann Roll chauffierte in Wörishofen Kurgäste mit seinem Benz Parsifal. Wer in Mindelheim zu den ersten Automobilbesitzern gehörte.

Benzin gab es nicht an der Tankstelle, sondern in der Apotheke: Dort musste Johann Roll im Frühjahr 1906 den Treibstoff für seinen Benz Parsifal kaufen, mit dem er ein blühendes Mietauto-Geschäft aufbaute. Roll kutschierte die Kurgäste in Wörishofen über die Promenade oder zu Ausflugszielen in der Umgebung. Abends, wenn er die letzten Gäste ins Hotel Bellevue gefahren hatte, wartete schon eine Schar von Buben, die aufsprangen und das letzte Stück zur Garage von Roll in der Kathreinstraße mitfahren durften. Auch Auto-Enthusiast Rasso Epple, der später als „staatlich anerkannter Kraftfahrzeuglehrer" Neulingen Unterricht gab, ließ einmal beim Schützenfest in Nassenbeuren für die Rückfahrt „allerhand junges Volk" aufspringen. Nach einem Bericht der Mittelschwäbischen Tagespost kippte das Auto um, Menschenleben waren nicht zu beklagen.

Zum Glück ging es in den Kindheitstagen des Automobils noch vergleichsweise gemächlich zu. In Pfaffenhausen galt zum Beispiel 1905 für Autos

Kurgäste ließen sich von Johann Roll durch Wörishofen kutschieren. Im Bild ein Opel Darracq, den sich Roll nach seinem Benz Parsifal anschaffte. Auf der Rückbank sitzt der noch junge Richard Tauber, der als Tenor später Weltkarriere machte.

Das Schild ....

Kurz nach 1903 ließ sich Johann Roll in Wörishofen nieder. Zur Schlosserei gehörte zunächst eine Werkstatt für Fahrräder, wie auf der Schrifttafel zu erkennen ist. Erst später kam ein Mietauto dazu.

Der Scheinwerfer

Die Lampen funktionierten mit Karbid. Dafür war Wasser notwendig. Schwierig wurde es im Winter, wenn es einfror. Im Notfall musste der Fahrer auf Schwäbisch gesagt „das Wasser abschlaga".

eine Höchstgeschwindigkeit von zwölf Stundenkilometern. Carl Benz schaffte 1879 mit seinem dreirädrigen Motorwagen 16 Stundenkilometer. Als er dahintuckerte, ahnte er nicht, dass seine Erfindung einmal die Welt verändert. Sie war ein Meilenstein in der Geschichte der Technik. Mit dem Automobil machte der unbeirrbare Visionär und geniale Konstrukteur den Weg frei zu einer mobilen Gesellschaft. Allerdings ahnte Benz nicht, dass der Fortschritt seinen Preis haben würde:

Alpen-Express nannte Anton Steinmaier diesen Bus. Er gründete das erste Omnibusunternehmen in Mindelheim. Die Aufnahme stammt aus dem Jahr 1934.

Die Verbrennungsmotoren erzeugen das gefährliche Treibhausgas Kohlendioxid. Dabei galten die neuen Automobile um 1900 noch als besonders umweltfreundlich: Sie verschmutzten die Straßen nicht mehr mit Pferdemist. Apropos Fortschritt: Johann Rolls Karriere in Wörishofen begann mit einer Krankheit oder vielmehr der Heilung, die er sich von Kneipps Lehren versprach. Als Geselle hatte der gebürtige Ortshofer (Landkreis Dachau) nämlich eine schwere Bronchitis. Er kurierte sie in Wörishofen aus und

blieb. Roll kaufte sich ein kleines Häuschen und richtete sich im seitlichen Anbau eine Werkstatt ein. Zur Schlosserei kam noch eine Fahrradhandlung samt Reparaturwerkstatt und Verleih.

Der Viersitzer wurde auf der rechten Seite gelenkt

Doch dann erkannte Roll den Fortschritt auf vier Rädern. Er kaufte sich einen Benz, einen Viersitzer. Der ließ sich bei Schlechtwetter mit Verdeck oder im Sommer wie ein Cabrio fahren. Gelenkt wurde er rechts – so wie

Bei Rasso Epple konnten Automobil-Novizen das Fahren lernen.

die meisten Auto damals. Roll war übrigens nicht der erste, der sich die neue Mobilität kaufte. Nach einem Bericht der Mittelschwäbischen Tagespost erwarb der Arzt Dr. Bach bei Fahrradhändler Carl Faist ein Automobil – es soll das erste gewesen sein, das 1904 über die Mindelheimer Straßen ratterte. Weitere Auto-Besitzer waren der Maschinenhändler Mair aus Erisried und ein Brauereibesitzer aus Ettringen. Das Auto war damals ein Statussymbol, das sich nur leisten konnte, wer über das nötige Geld verfügte. Aber die finanziellen Mittel alleine reichten oft nicht, um das Automobil in Gang zu bringen.

Im April 1902 reiste laut Krumbacher Bote ein „feiner Herr samt Dienerschaft" nach Jettingen im Landkreis Günzburg, um von der Bahn einen neuen „Motorwagen" abzuholen. Gemeinsam mit seinem „Bedienten wollte er die Heimfahrt antreten", wie damals in der Zeitung zu lesen war. Doch dann passierte es: „Herr und Diener" brachten das Auto nicht in Gang. Es wollte weder vor- noch rückwärts. Entnervt ging der „feine Herr" dann los, um eine Abschleppmöglichkeit zu suchen – am besten einen Ochsen oder ein Pferd. Der Diener blieb zurück und passte auf das widerspenstige Objekt auf. Zumindest sollte er das. Doch statt die Füße ruhig zu halten, versuchte er jetzt selbst, das Auto anzuwerfen. Und siehe da: Der Motor sprang an. Der Mann setzte sich ans Steuer und fuhr los. In der Zeitung wurde berichtet: „Aber immer rascher, immer rasender ging die Fahrt. Alle Bremsversuche waren

Wie sich die Zeiten ändern

Josef Reisacher war einer der ersten im früheren Distrikt Mindelheim, der mit dem Auto unterwegs war. Über die Formalitäten sagte er einmal: „Es war alles viel einfacher als heute. Man musste nur kuppeln und schalten können, ein paar Runden drehen und dann bekam man das Papier im Bezirksamt."

vergebens, der Wagen ließ sich nicht mehr halten und mit Schnellzugsgeschwindigkeit ging es durch Jettingen durch, zum Entsetzen des Lenkers wie der Leute, welche der wahnsinnigen Fahrt zuzuschauen Gelegenheit hatten. Der Markt war glücklich passiert, da kam dem Automobil ein Fuhrwerk entgegen. Der Insasse des rasenden Ungetümes fürchtete nun einen Zusammenstoß mit dem Fuhrwerk und sprang mit Todesfallverachtung ab, glücklicher Weise ohne sich ernstlich zu verletzen, während das führerlos gewordene Automobil in der nächsten Minute mit solcher Wucht an einen Baum anfuhr, das es in 100 Stücke zerschellte." Der Diener muss sich wie Kater Mikesch gefühlt haben. Angesichts der Schadens suchte er nämlich das Weite. Er flüchtete nach Augsburg und schrieb von dort seinem Arbeitgeber, dass er sich nicht mehr vor dessen Augen traue. In der Zeitung stand: „Den ausgestandenen Schrecken wird er aber wohl zeitlebens nicht mehr aus dem Gedächtnis zu bringen vermögen." Über das weitere Verhältnis von Herr und Diener wurde nichts weiter bekannt.

Die Zigarre am Himmel

Im April 1909 kamen tausende Menschen aus dem Staunen nicht mehr heraus: Der Zeppelin schwebte über der Region. Mancher sah schon das Jüngste Gericht kommen. In Kirchheim hatten Burschen noch eine andere Erscheinung.

Für die Menschen war es ein atemberaubendes Ereignis, als sich die Zigarre am Himmel langsam an ihnen vorbeischob. Den Zeppelin kannten sie nur vom Hörensagen. Als er dann plötzlich wie von Geisterhand etwa 250 Meter über ihnen schwebte, kamen sie aus dem Staunen nicht mehr heraus. Mancher dachte schon ans Jüngste Gericht, wie der Krumbacher Bote Anfang April 1909 berichtete. Ein Knecht, der auf einem Feld bei Fischach arbeitete und vermutlich etwas weitsichtig war, erkannte in dem Luftgefährt eine göttliche Erscheinung. Im Krumbacher Boten war zu lesen: „Voll Schrecken starrte unser biederer Schwabe das Ungeheuer an und wie ein Blitz fuhr es ihm durch den Kopf: ‚Das Jüngste Ge-

richt ist angebrochen und wird durch dieses Ungetüm in der Luft angekündigt.' Entsetzt fiel er auf die Knie und mit erhobenen Händen und flehentlicher Stimme rief er: ‚Ich bitte um ein gutes Gericht!' Wehmütig setzte er noch bei: ‚Jetzt kann ich nicht mehr heim, ich muss es hier abwarten', und aufs Neue erscholl der Ruf: ‚Ich bitte um ein gutes Gericht!' Ein Vorübergehender klärte den Beängstigten über seinen Irrtum auf, was aber keine leichte Arbeit war; denn zu furchtbar war dem Ärmsten der Zeppelin erschienen."

Tatsächlich schwebte der Himmelskoloss am 2. April 1909 über Türkheim, Wörishofen, Mindelheim, Kirchheim und weiter nach Südwesten. Graf von Zeppelin soll selbst am Steuer gesessen haben, als es von München zurück nach Friedrichshafen ging. Lebhaft wurde im Ottobeurer Volksblatt am 3. April 1909 über den Zeppelin berichtet: „Wie es so majestätisch durch die Luft fuhr, machte es einen großar-

Monströse Konstruktion:
In Friedrichshafen wurde der
Zeppelin gebaut.

tigen Eindruck. Die blanke Ballonhülle in ihrer eleganten Form und dem feinsten Ebenmaß die verschiedenen Steuer, die beiden Gondeln, der ruhige und doch schnelle Flug, alles das weckte unwillkürlich ein Gefühl der Bewunderung und des Staunens. Wenn man das Schiff so sicher auf und ab, rechts und links steuern sieht, trotz seiner Größe, so ruhig und leicht, wie ein Adler durch die Lüfte streicht, dann erfaßt den Zuschauer großer Respekt vor dem Manne, der so etwas zu Stande gebracht. Als das Schiff nordwestlich von hier vorbeifuhr, kam es uns so nahe, daß wir deutlich sein Surren hören und die Leute in den Gondeln sehen konnten. Südlich von Memmingen drehte es sich so weit nach Norden, daß uns von Brüchlins aus auch seine rechte Seite zu Gesichte bekam. Dann ging es scharf nach Südwesten weiter. Um 6 Uhr 55 Minuten entschwand es unsern Augen als ein runder schwarzer Punkt am Horizont links von Kronburg."

Eine andere Erscheinung hatten übrigens Männer im Fahrenschon'schen Keller in Kirchheim. In der Heimatzeitung wurde berichtet: „Nach einigen Bechern Wein trat ein Studierter aus der Gruppe vor die Tür und wunderte sich: Heute aber ist der Mond dunkel." Als der Mond auch noch zu sprechen begann, rief der Studiosus nach seinen Kumpanen. Die rieben sich ebenfalls die Augen, als plötzlich ein zweiter Mond sichtbar wurde: der richtige nämlich.

Die Wolken hatten ihn freigegeben. Für Erhellung sorgte schließlich die Frage vom anderen Mond, wie denn die Ortschaft heiße: „Kirchheim, Kirchheim" riefen die Männer am Boden, denen jetzt klar wurde: An ihnen schwebte ein Ballon vorbei.

S.M. Zeppelin I. über Kirchheim 1. April 1909.

Vermutlich handelt es sich auf dem Bild um den LZ 3: Es war der erste erfolgreiche Zeppelin, der bis 1908 auf 45 Fahrten insgesamt 4398 Kilometer zurücklegte. Der LZ 3 wurde dann verlängert, mit stärkeren Motoren ausgerüstet und dem Heer übergeben.

Gut gepolstert für den Gesundheitsapostel

Die Kutsche von Sebastian Kneipp steht im Bauernhofmuseum Illerbeuren. Auf Reisen genoss der Wasserdoktor den blauen Dunst.

Klein, wendig und gut gepolstert: Pfarrer Sebastian Kneipp legte mit seiner Herrenkutsche, die ein rückklappbares Lederverdeck besaß, viele Kilometer zurück. Wie viele es waren, lässt sich nur schätzen. Es dürften sehr viele gewesen sein. Denn zwischen 1890 und 1896 unternahm der Wasserdoktor über 30 größere Vortragsreisen durch Europa. Kneipps Rom-Reise im Jahr 1894 war sicherlich der Höhepunkt seiner Karriere: Der damalige Papst Papst Leo XIII. empfing ihn in vier Privataudienzen und ließ sich behandeln. Zum Päpstlichen Geheimkämmerer ernannt, erhielt Kneipp den Titel Monsignore. Die grüne Gießkanne aus Zinn, aus der der Statthalter

Gottes seine kalten Güsse erhielt, ist noch erhalten. Sowie auch das bequeme Reisegewand von Kneipp, das er trug, wenn er länger unterwegs war. Zu sehen ist es im Kneipp-Museum in Bad Wörishofen. Auch andere Reiseutensilien sind ausgestellt: ein Zigarrenetui zum Beispiel. Kneipp füllte es gut. Eine Zigarre schenkte er für gewöhnlich auf langen Reisen den Lok- und Zugführern, weil sie ihn sicher ans Ziel gebracht hatten. Kneipp genoss den blauen Dunst auch selbst. Einmal wurde er gefragt, warum er als Gesundheitsapostel gegen das Kettenrauchen wettere und dabei selbst gerne eine kräftige Zigarre zu schmauchen pflege. Kneipp antwortete: „Auf die Frag han i scho lang gwartet. Des kann i euch scho sage, warum i rauch. Tätet ihr in meiner Sprechstund net so stinke, müsst i net rauche!" Das gelegentliche Rauchen von Zigarren begründete er auch mit der Imkerei, die er leidenschaftlich betrieb. Mit dem Rauch könne er die Bienen auf Distanz halten. Was er wirklich vom Rauchen hielt, schilderte Kneipp im Buch „So sollt ihr leben!": „Erstens wirkt bei einer jungen Natur das Tabakgift

Auf dem „Phaeton" saß Pfarrer Kneipp. Die Kutsche steht im Bauernhofmuseum Illerbeuren.

Kneipp steckte sich gerne eine Zigarre an.

Das Leben von Sebastian Kneipp

Vom Webersohn zum weltberühmten Arzt: Ein Museum dokumentiert in Bad Wörishofen die Lebensstationen von Sebastian Kneipp. Gezeigt werden etwa 2000 von 3200 erhaltenen Objekten. Die Räume im Kloster der Dominikanerinnen Räume sind mit QR-Codes ausgestattet: Sie führen direkt zu Hörbeiträgen und weiteren Informationen zu den Ausstellungsstücken.

(Nikotin) viel stärker und nachteiliger als in späteren Jahren. Zweitens wird das Rauchen, wenn es früh begonnen wird, leicht zur Leidenschaft. Nicht selten wird auch die vollkommene Entwicklung dadurch behindert, und Krankheit und Siechtum können leicht bei jungen Leuten entstehen. Das Traurigste aber ist, daß man sich das Rauchen leicht dermaßen angewöhnt, daß man nicht mehr ohne dasselbe sein kann und zum Sklaven des Tabaks wird. Wer gar nicht raucht, tut am besten, weil er seiner Natur keine nachteiligen Stoffe zuführt und zugleich nicht wenig Geld erspart, das er sonst recht gut verwerten kann."

Die Ambivalenz schadete dem Ruf des Wasserdoktors nicht. Tausende Menschen besuchten seine Vorträge. Noch mehr kamen nach Wörishofen, um Kneipp und seine Methoden zu erleben: Von Skandinavien bis Spanien, von der Türkei bis Amerika. Die Heilsuchenden brachten freilich auch Geld ins Dorf. Wörishofen blühte dank Kneipp und seinen Büchern, die zu Bestsellern wurden, auf. Wörishofen mit seinen knapp 1000 Einwohnern wurde immer größer. Zwischen 1891 und 1896 entstanden in einem Bauboom über 120 neue Gebäude, vor allem Hotels und Pensionen. Im Mai 1915 verlieh König Ludwig III. Wörishofen ein eigenes Wappen. Es zeigt einen silberfarbenen Wellenbalken in einem mit einem grünen Lindenzweig belegten Schildhaupt. Der ausdrückliche Wunsch, eine Gießkanne abzubilden, wurde abgelehnt.

Sternenjäger zerschellt am Boden

Ein Pilot bewahrte das Unterallgäu vor einer Katastrophe: Er verhinderte, dass sein Starfighter nach einem technischen Defekt auf Unterkammlach stürzte.

Der 1. Februar 1973 wird in Unterkammlach nie vergessen. Es ist der Tag, an dem es das Schicksal gut meinte mit den Menschen in der Gemeinde. Kaum vorstellbar, welche Katastrophe der Absturz des Starfighters angerichtet hätte, wenn er wie aus dem Nichts in die Häuser gekracht und dann in einem Feuerball explodiert wäre. Stattdessen schaffte es Pilot Johannes Schiller, den Jagdbomber vom Typ F-104 westlich der Gemeinde auf den Boden zu bringen. Der Offizier des Jagdbombergeschwaders 34 in Memmingerberg starb bei dem Unglück – trotz seines Schleudersitzes hatte er den Ausstieg offenbar nicht mehr rechtzeitig geschafft.

So lässt sich das Unglück rekonstruieren: Der 27-Jährige startet gegen 8.30 Uhr am Fliegerhorst. Das Ziel des Übungsflugs: Ingolstadt. Oberstleutnant Müller, der Staffelkapitän, zeigt auf der Rollbahn den erhobenen Daumen. Dann beschleunigt die Maschine, eine Mischung aus Flugzeug und Rakete. Der Flug verläuft wie geplant. Es ist 10.03 Uhr. Die beiden Maschinen des Jabo 34 befinden sich auf dem Rückflug. 3000 Meter Höhe. Weit über den Wolken. Dicht neben Schiller Hauptmann Wittstock. Ein Knacken im Kopfhörer. Dann die ruhige Stimme von Schiller: „Schwierigkeiten mit den Triebwerken. Ich schalte das Notsystem ein. Gleiche damit den Schubverlust aus. Fehler kompensiert. Alles in Ordnung." In Memmingerberg werden vorsichtshalber die Rettungsmannschaften alarmiert. Es ist 10.25 Uhr. Landeanflug. Hauptmann Wittstock sieht die Maschine von Schiller nicht mehr. Auch am Fliegerhorst Memmin-

Der einstrahlige und einsitzige Starfighter F-104 G erreichte zweifache Schallgeschwindigkeit. Er war wie eine Rakete konstruiert – nur mit dem Unterschied, dass sie immer wieder auf der Erde landen sollte. Ein Exemplar steht in der Flugwerft Oberschleißheim.

gerberg ist sie vom Schirm verschwunden. 10.32 Uhr. In Unterkammlach sehen Bewohner, wie der Starfighter auf sie zurast. Oberleutnant Schiller im Cockpit sieht das Unheil kommen, doch statt auszusteigen reißt er die Maschine noch einmal hoch. Etwa einen Kilometer nach der Dorfgrenze schlägt der Starfighter mit einer Geschwindigkeit von 450 Kilometern pro Stunde auf.

Der Starfighter erhielt den Beinamen „Witwenmacher"

Tausende Wrackteile schießen umher. Überall der Geruch von Kerosin. Schiller hat nicht überlebt. Die Absturzstelle wird gesichert, der Leichnam aus den Trümmern geholt. Später stellen die Experten fest: Eine offene Schubdüse ließ die Maschine abstürzen. Der Fehler war bekannt. Und wieder war ein Sternenjäger vom Himmel gefallen. Insgesamt verlor die Luftwaffe 269 von 916 Starfightern. Allein im Jahr 1966 stürzten 58 Maschinen ab. 108 Deutsche und acht Piloten der US Air Force starben. Der Starfighter hatte längst die Beinamen „Witwenmacher" und „fliegender Sarg" erhalten. Sie ste-

hen für das dunkelste Kapitel der Bundeswehr und für einen der großen Skandale der noch jungen Bundesrepublik nach dem Zweiten Weltkrieg. Im Kalten Krieg wurde für die deutschen Luftstreitkräfte ein Abfangjäger wie auch ein atomarer Waffenträger gesucht, um bei einem Überraschungsangriff des Warschauer Pakts schnell zum nuklearen Gegenschlag ausholen zu können. 1959 entschied sich die Regierung samt Opposition für einen kombinierten Entwicklungs- und Lizenzvertrag mit der US-amerikanischen Firma Lockheed. Das heißt: Ein Konsortium aus mehreren Flugzeugherstellern – darunter Dornier, Messerschmitt und Heinkel – baute in Lizenz mit. Um Jagdbomber wie auch Aufklärer sein zu können, waren einige Konstruktionsänderungen notwendig. Kameras mussten eingebaut, Tragflächen verstärkt, Außentanks an den Flügelenden angebaut oder Bomben eingehängt werden. Außerdem

musste die Leistung der Triebwerke erhöht werden – unter dem Strich war das Lizenzmodell fast ein Drittel schwerer. Fliegerisch war die „Einhundertvier" auch ohne alle Veränderungen in der für Deutschland gebauten Version eine Herausforderung. Das Triebwerk leistete (mit Nachbrenner) bis zu 29 000 PS. Der 17 Meter lange Starfighter flog in der Spitze mit mehr als doppelter Schallgeschwindigkeit, war bis zu 2300 Kilometer pro Stunde schnell. Wegen der Pfeilform glich die Maschine eher einer bemannten Rakete. Doch die ließ die Piloten immer wieder im Stich. Aus dem Starfighter wurde ein „Fallfighter". Mal machten die Triebwerke Probleme, mal die Steuerung, mal die Elektronik. Dazu kamen fliegerische Fehler und mangelnde Infrastruktur bei der Wartung. Mit der zunehmenden Anzahl an Unfällen befasste sich Anfang 1966 der Verteidigungsausschuss. Immer wieder kam die Kritik: Bei mehr Sorgfalt hätten sich die Unfälle vermeiden lassen. Der spätere SPD-Kanzler Helmut Schmidt sagte: „Mir scheint, dass die Konsequenzen, die gezogen werden müssen, nicht so sehr militärisch-fachlicher Art sind, sondern politischer Art: Es muss das Bundesverteidigungsministerium insgesamt – das schließt seine Technik, seine Logistik, seine Personalwirtschaft ein – es muss dieses Ministerium endlich in eine leistungsfähige organisatorische Form gebracht werden." Die Bundeswehr geriet in eine Führungskrise. In der Folge wurden der Generalinspekteur der Bundeswehr, Heinz Trettner, und der Inspekteur der Luftwaffe, Werner Panitzki, entlassen. Neuer Inspekteur wurde Johannes Steinhoff – der frühere Militärflieger, der nach einem Absturz entstellt worden war. In Mindelheim hatte er nach dutzenden Operationen wieder ein Gesicht bekommen. Durch Steinhoff wurden Rettungsausrüstungen und die Ausbildung in der Luftwaffe verbessert.

Im Kreuzfeuer stand damals auch Franz Josef Strauß. Er hatte als Verteidigungsminister die Lockheed-Geschäfte eingefädelt. Die Opposition warf ihm Vergeudung von Steuergeldern vor. Der Bundesrechnungshof hielt in einem Prüfbericht 1969 fest: Die Bundesrepublik habe ein nicht beschaffungsreifes Waffensystem gekauft. Das für seine Mehrzweckrolle erforderliche Nebeneinander von Entwicklung und Fertigung habe die rasche militärische Einsatzfähigkeit verhindert und verzögert. So ist es auch im Buch „Skandale in Deutschland nach 1945" der Stiftung Haus der Geschichte der Bundesrepublik Deutschland festgehalten.
1976 kamen neue Details ans Licht, die im sogenannten Lockheed-Skandal gipfelten. Es hatte sich herausgestellt, dass die US-Firma mehrere Spitzenpolitiker bestochen hatte. Der niederländische Prinz Bernhard trat in Folge der Vorwürfe von allen öffentlichen Ämtern zurück. Eine mediale Schlammschlacht mit Verdächtigungen, Vorwürfen und einstweiligen Verfügungen wurde geführt. Pikant: Wie sich herausstellte, wurden Ende der 1960er-Jahre im Verteidigungsministerium offenbar Lockheed-Akten vernichtet. Eine Kommission des SPD-geführten Bundesjustizministeriums kam schließlich zu dem Schluss, dass Zahlungen von Bestechungsgeldern an Personen oder Parteien der Bundesrepublik nicht zu beweisen seien. Ermittlungen gegen Strauß wurden eingestellt.

Mit der Autokutsche durch die Stadt

Wie die Weltpolitik 1973 Mindelheims Straßen leer fegte: An vier Sonntagen musste der Autoverkehr ruhen.

Manchmal ist die Vergangenheit ihrer Zeit voraus: Wie sich die Abgas-Grenzwerte in Griff bekommen lassen, zeigte sich 1973 in der Mindelheimer Maximilianstraße. Dort wurden Dieselstinker an die Zügel genommen. Genauer gesagt: Pferde zogen den Magirus. Der Kutscher nahm auf dem Radkasten Platz, in der Fahrerkabine wurde das ungewöhnliche Gespann gelenkt und gebremst. Das Bild hat einen ernsten Hintergrund: 1973 waren Öl und Benzin knapp geworden. Um Treibstoff zu sparen, wurden mehrere Sonntagsfahrverbote ausgesprochen. Autofrei waren der 25. November sowie der 2., 9. und 16. Dezember. An den anderen Tagen galt ein vorübergehendes Tempolimit von 100 Stundenkilometern auf Autobahnen und 80 auf Landstraßen. Damit hatte die Ölkrise endgültig Deutschland erreicht. Auslöser war der israelisch-arabische Jom-Kippur-Krieg. Die Organisation der Arabischen Erdölexportierenden Staaten hatte beschlossen, Öl als politisches Druckmittel einzusetzen. Sie drosselte die Produktion und den Export von Erdöl, um die USA und die europäischen Staaten zu zwingen, ihre wohlwollende Haltung gegenüber Israel zu überdenken. Die künstliche Verknappung des Angebots sollte solange aufrecht erhalten werden, bis Israel die besetzten Gebiete in Ägypten und Jordanien wieder räumt. Die Folge war das deutsche Energiesicherungsgesetz, das sämtliche Straßen und Autobahnen leerfegte. Wer erfinderisch war, konnte trotzdem seinen Wagen aus der Garage holen, wie das Foto zeigt.

Mit der Autokutsche in der Mindelheimer Maximilianstraße: 1973 wurde wegen der Ölkrise der Verkehr ausgebremst.

KAPITEL 04

HANDWERK
UND HANDEL

Eine Windturbine wie im Wilden Westen

Auf dem Bauernhof der Familie Benz im Unterallgäu wurde 1911 eine Anlage aufgestellt, die viele Blicke auf sich zog.

Wildwest im Unterallgäu: In Schellenberg bei Ottobeuren drehte sich früher ein „Texasrad". So wurde die mehrflügelige Windmühle mit Gittermast genannt, die zu den Requisiten jedes spannenden Wildwestfilms gehört. Mit den Maschinen ließen sich entlegenste Orte im Land der unbegrenzten Möglichkeiten erschließen. Die sogenannten Westernmills waren mit einer Kolbenpumpe ausgestattet und konnten autonom arbeiten. Sie pumpten automatisch Wasser für Tiertränken oder auch die Wassertanks von neu gebauten Bahnhöfen. Auf dem Bauernhof in Schellenberg ging es weniger um die schnaufenden Dampfrösser aus Stahl als um die Kühe im Stall. Nach den Recherchen von Helmut Scharpf, der das virtuelle Museum Ottobeuren mit aufgebaut hat, war die Windturbine 1911 auf dem Hof der Familie Benz aufgestellt worden. Franz-Joseph Benz, der Gemeinderat in Haitzen war, hatte sie angeschafft. Mit der gewonnenen Windenergie wurden eine Dreschmaschine, diverse Sägen und eine Getreidemühle beziehungsweise eine Schrotmaschine angetrieben. Strom gab es damals noch nicht am Hof, obwohl Ottobeuren bereits 1901 ein eigenes Netz hatte.

Im Bauernhofmuseum Illerbeuren steht ein Herkules-Windrad, ein Wahrzeichen des Wilden Westen.

Erst 1923 brachten die Günz-Werke die elektrische Energie. Die war im Vergleich zu heute horrend teuer, was freilich mit der Inflation zusammenhing. Im Dezember 1922 kostete eine Kilowattstunde nach den Recherchen von Helmut Scharpf bei den LEW 61,75 Mark (Lichtstrom) beziehungsweise 24,70 Mark (Kraftstrom). In München und Hamburg zahlten Kunden das Doppelte und Dreifache. Der Marktgemeinderat hatte beschlossen, dass die Bewohner von Ottobeuren den Licht- und Kraftstrom „vom Elektrizitätswerk Ottobeuren" zu den gleichen Preisen erhalten, die von den Einwohnern der umliegenden Landgemeinden an die Lechwerke gezahlt werden. Im Ottobeurer Tagblatt hieß es: „Bei den Lechwerken ergibt sich eine Erhöhung der Strompreise im Dezember [1923] auf das 123-fache der Vorkriegspreise." Zum Vergleich: Die Preise für Milch und Eier hatten sich auf das 1000-fache, für Butter um das 1800-fache, für Weizen auf das 1400-fache erhöht. In der Zeitung stand: „Dieses krasse Mißverhältnis, welches sich immer schlimmer entwickelt, hat auch schon dazu geführt, daß beispielsweise ein mitteldeutsches Kraftwerk bekanntgegeben hat, daß es an der Stelle des Papiergeldes für 1 kWh Lichtstrom 10 Eier oder 3 Pfund Weizenmehl oder 1/4 Zentner Kartoffeln entgegenzunehmen bereit ist."

1924 hatte sich die Inflation beruhigt, die wirtschaftlichen Verhältnisse ließen sich wieder stabilisieren. Auch die Geschichte der Texasräder ging zu Ende – zumindest vorübergehend. Denn erst nach dem Zweiten Weltkrieg brachten sie die Amerikaner im Rahmen des Marshallprogramms wieder zurück nach Deutschland.

Die industriell gefertigten Anlagen waren etwa 14 Meter hoch und hatten 18 Flügel. Die Technik trieb eine Kolbenwasserpumpe an, die in einem etwa drei Meter tiefen Schacht in der Erde versenkt war. Helmut Scharpf hat noch einige Exemplare entdeckt. Südöstlich des Bad Grönenbacher Ortsteils Seefeld in einer Wiese an der Landkreisgrenze zum Oberallgäu steht eine Anlage mit 18 Blättern. Sie trägt die Aufschrift „Vereinigte Windturbinenwerke, Dresden". Wer sich für die Funktionsweise interessiert: Im Technischen Museum in Wien ist ein

Die „Herkules" war der Verkaufsschlager der Deutschen Windturbinen-Werke in Dresden. Die Anlage wurde auch in der Region aufgestellt.

Modell des Westernrads zu sehen, das Mitte des 19. Jahrhunderts der Ingenieur Daniel Halladay entwickelt hatte. Das Besondere daran: Egal, woher der Wind kam, die Anlage drehte sich immer automatisch in die beste Position. Wenn die Windgeschwindigkeit zu hoch und damit der Druck auf die Flügel so groß war, dann wurden die Flügel eingeklappt. Der Sturm hatte so weniger Angriffsfläche. Das Windrad wurde vorwiegend zum Pumpen von Grundwasser, zur Bewässerung der Felder und zur Versorgung der Weidetiere mit Trinkwasser eingesetzt. Später wurde es mit Generatoren verbunden und zur Stromgewinnung eingesetzt. Mit modernen Windkraftanlagen, deren Rotorblätter wie Flugzeugflügel geformt sind und das Auftriebsprinzip nützen, können sie nicht konkurrieren. Wer ein echtes Texasrad sehen will: Eine „Herkules" steht auch im Bauernhofmuseum Illerbeuren.

Auf dem Hof von Familie Benz in Schellenberg bei Ottobeuren drehte sich im Jahr 1911 ein „Texasrad".

Früher Wärmespeicher, heute Klimaretter

Als Sofas und Sessel mit Seegras gefüllt wurden und in Handarbeit schmucke Schuhe entstanden.

Der Name trügt: Seegras, ist keine Pflanze aus einem Gewässer. Das Sauergrasgewächs der Gattung Segge wächst meistens auf feuchten und nähstoffarmen Böden, zum Beispiel in Nadelholzforsten, Gebüschen oder Feuchtwiesen. Seinen Namen verdankt das Seegras wohl einer Beobachtung: Wächst es üppig, dann

sieht es im Wind wie ein wogender See aus. Dieser See war früher keine optische Bereicherung, sondern ein nützlicher Rohstoff. Aus dem im Sommer geernteten Seegras entstanden zum Beispiel Füllungen für Kissen oder auch Sitzpolster. Kinder durften sich über Püppchen freuen, die sich aus den Halmen basteln ließen. In Notzeiten wurden aus Seegras auch Schuhe: Zu Zöpfen geflochten nähte sie der Schuhmacher über seinen Leisten zusammen. Als während des Wirtschaftswunders Schaumstoff immer mehr Einzug in deutsche Haushalte hielt, hatte das Seegras

Der Name trügt: In Schwaben wächst Seegras meistens auf feuchten Waldböden und nicht im Wasser.

Seegras war früher ein gefragter Rohstoff, der vielseitig verwendet wurde. Die Zuteilung musste reglementiert werden.

Seegras-Versteigerung
im K. Forstamte Mindelheim.
Am Mittwoch, den 18. Juni 1913 von nachmittags 2 Uhr an wird im Gasthause zum „Stern" in Mindelheim der Seegrasanfall in den Aufsichtsbezirken Egelhofen, Kirchdorf, Wörishofen und Mindelheim öffentlich versteigert. Zahlungstermin am 15. Oktober 1913.
Kgl. Forstamt Mindelheim.

Die Kopfbedeckung ....

Kopftuch und Strohhut waren bei der Ernte im lichten Laubwald angesagt. Gemäht wurde nämlich im Sommer.

ausgedient. In Vergessenheit geraten ist es aber nicht. Im Gegenteil. Manchenorts wuchert Seegras noch heute: zum Beispiel unter Wasser. Naturschützer machen sich für den Erhalt stark, denn das Unterwassergras ist nicht nur Lebensraum für viele Tiere und reinigt das Wasser von Schadstoffen, sondern wirkt ähnlich wie die Regenwälder der Klimaerwärmung entgegen. Seegraswiesen sollen große Mengen des klimaschädlichen Kohlendioxids speichern. Wissenschaftler haben herausgefunden: Ein Hektar Seegraswiese bindet deutlich größere Mengen Kohlendioxid als ein Hektar amazonischer Regenwald.

Die Arbeit war schwer und unangenehm, aber einträglich: In der drei- bis vierwöchigen Erntezeit im Hochsommer musste alles mithelfen, was Beine hatte – der Bauer selbst, seine Kinder und eine große Anzahl an Tagelöhnern rupften die Seegraspflanzen aus dem feuchten Waldboden.

Ein Viehhandel mit Folgen

Märkte mit Zucht- und Nutztieren übten früher eine besondere Anziehungskraft aus. Auch schwarze Schafe witterten dort gute Geschäfte.

Mit einem Handschlag wurde das Geschäft besiegelt: Vielleicht schloss auch der Metzgermeister Franz Bertele aus Wörishofen so einen Vertrag bei der Herdebuch-Schau in Kirchheim, die ein Fotograf 1911 festgehalten hat, ab. In Reih und Glied standen dort unter freiem Himmel Kühe und Ochsen und wurden begutachtet. An der Kopfseite redeten die Besitzer ihren Tieren gut zu. In der Gasse zwischen den Reihen stolzierten die potenziellen Käufer auf und ab. Sie klopften die Hüften der Tiere ab, prüften Euter und Gebisse und erkundigten sich dann nach der Leistung, um am Ende ein Angebot abzugeben. Ein gutes Geschäft witterte wohl auch der Metzgermeister Georg Bertele mit einer Kuh, die er im Oktober 1900 für 28 Mark gekauft hatte. Er wusste, dass das Tier schon krank und abgemagert war. Trotzdem verarbeite-

te er es, um einen Gewinn machen zu können. Der Tierarzt hatte ihm davon abgeraten, weil das Fleisch gesundheitsschädlich sein könnte. Das bestätigte dann später die Beschau durch einen Kollegen: Metzger Georg Gastel aus Wörishofen erkannte, dass mit der Lunge des Tiers etwas nicht stimmte. Trotzdem schrieb er in den Fleischbeschau-Schein – so hieß das offizielle Dokument damals: Das Fleisch sei „bankwürdig“. So berichtete es 1901

„Kaufsliebhaber" konnten beim Viehmarkt fündig werden.

das Mindelheimer Anzeigeblatt. Der Vorfall hatte dann ein Nachspiel vor Gericht: Das Geschäft flog auf, beide Metzger waren angeklagt worden. Bertele wurde am Ende wegen eines Vergehens wider des Nahrungsmittelgesetzes zu einer Gefängnisstrafe von zwei Monaten verurteilt. Dazu gab es eine Geldstrafe von zehn Mark. Gastel musste 40 Mark an die Staatskasse zahlen. Im Raum stand auch noch eine Haftstrafe von acht Tagen.

Unterzeichnete kommen am **Mittwoch** (**Markttag**) den **4. Dezember** mit einem **großen Transport Allgäuer Kälber** in das **Gasthaus z. „Löwen"** nach **Mindelheim** und laden Kaufsliebhaber freundlichst ein. **Donnerstag** den **5. Dezember** sind wir im **Gasthaus zum „Kreuz"** in **Pfaffenhausen**. **Heim & Schmid,** Kälberhändler.

Zwischen den Reihen der großen Herdebuch-Tierschau in Kirchheim im Jahr 1911 fachsimpelten die potenziellen Käufer, die offensichtlich besser gestellt waren – das jedenfalls zeigt ihre Kleidung.

Kurgast im Stall verhaftet

Die Mindelheimer Neuesten Nachrichten berichteten am 18. Juli 1913: „Am Freitagabend wurde ein hiesiger Kurgast in Stockheim verhaftet. Derselbe ging abends in den Stall eines Ökonomiegebäudes und belästigte die dort anwesende Frau mit unsittlichen Anträgen. Der hinzugekommen Mann sperrte den aufdringlichen Menschen so lange in einen Raum ein, bis die hiesige Gendarmerie erschienen war, die sodann den Kurgast abführte."

Sie verbindet nicht nur Menschen

Die Bahnbrücke zwischen Lautrach und Illerbeuren galt früher als technische Meisterleistung. Beinahe wäre sie zerstört worden.

Einmal sollte sie gesprengt werden. Dann hatte sie ausgedient, als die „Legauer Rutsch" stillgelegt wurde. Schließlich nagte der Zahn der Zeit an ihr. Die Rettung kam 2017 und 2018: Die historische Bahnbrücke zwischen

Illerbeuren und Lautrach wurde saniert. Heute verbindet sie Vergangenheit und Gegenwart – dank vieler Menschen, die das besondere Bauwerk ins Herz geschlossen haben – darunter Landrat Hans-Joachim Weirather, die Mitarbeiter des Tiefbauamts am Unterallgäuer Landratsamt oder die Mitarbeiter der Firma Lutzenberger. Durch das ehrgeizige Projekt wurde der Vergangenheit wieder eine Zukunft gegeben.

Die Voruntersuchungen zur Sanierung dauerten fast zehn Jahre. Dann begann das Pfaffenhauser Bauunternehmen Lutzenberger, das vom Landkreis beauftragt worden war, den alten Bahnschotter abzutragen – immerhin 550 Tonnen. Die Brücke wurde an kritischen Stellen verstärkt und der alte Fahrbahntrog originalgetreu wiederhergestellt. In die neue Fahrbahn – auf der heute keine schnaufenden Loks mehr unterwegs sind, sondern nur noch Fußgänger und Radfahrer – wurden 200 Kubikmeter Stahlbeton eingebracht. Damit die aufgeständerte Bogenbrücke mit einer lichten Weite ihr Gesicht behält, wurden die mehr als 200 kunstvollen alten Konsolköp-

■ Mit einem Spezialgerüst wurde die Bahnbrücke über die Iller saniert.

fe und die Brüstungswände erhalten. Für die Bauexperten bestand eine der vielen Herausforderung darin, die Schadstellen mit einem Spritzbeton so zu reprofilieren, dass diese wieder tragfähig wurden und sich gleichzeitig ins Bild der Brücke einfügten. Auch die Aufbereitung des Originalgeländers war mühevoll: Das Metall wurde zunächst von der alten Beschichtung befreit. Zu stark verroste Teilstücke mussten in mühevoller Handarbeit mit neuen Profilen ausgetauscht und anschließend wieder neu beschichtet werden. Damit nicht genug: Nach der Montage des Geländers wurde zusätzlich ein Netz aufgebaut, damit das Geländer den heutigen Sicherheitsanforderungen entspricht.

Die größte Herausforderung war die komplexe Geometrie der Bogenbrücke: „Durch die Arbeitsvorbereitung der Firma Lutzenberger konnten zwei fahrbare Gerüstwagen entwickelt werden. Der Gerüstwagen im Jahr 2017 war für die Montage der Absturzsicherung und Bauteilverstärkung im Scheitelgelenk notwendig. Um den Anforderungen des zweiten Bauabschnittes im Jahr darauf gerecht zu

Die Lok

Direkt hinter der Lok befanden sich Personenwagen für die Fahrgäste. Daran schlossen sich ein Wagen für das Gepäck, für die Post und das Vieh an.

Die Lokalbahn von Memmingen nach Legau, im Volksmund auch „Legauer Rutsch" genannt, legte fast 17 Kilometer zurück. Um über die Iller zu kommen, wurde eine Bogenbrücke gebaut.

werden, wurde dann ein fahrbarer Gerüstwagen mit höhenverstellbarer Bühne zur Sanierung der Bogenunterseite konzipiert."

Dank des verschiebbaren Gerüstes wurde der Bau um 400 000 Euro günstiger als geplant. Insgesamt kostete die Sanierung 1,6 Millionen Euro. Zum Vergleich: Der Bau der Brücke über die Iller schlug mit 91 000 Mark zu Buche. Das wären heute knapp 600 000 Euro. Innerhalb von neun Monaten wurde die Brücke mit ihrer einzigartigen Reihung von halbkreisförmigen Entlastungsbögen damals über die

Iller gespannt. Die Brückenbauer verwendeten 1903/1904 sogenannten Stampfbeton. Das heißt: Im Beton befindet sich keine Bewehrung. Der Grund: „Mit Stahlbeton wurde erst Anfang des 20. Jahrhunderts gebaut", erklärt Stefan Schmid vom Tiefbauamt am Unterallgäuer Landratsamt. „Ab Ende der 1860er-Jahre bis Anfang des 20. Jahrhunderts wurden viele Brücken und Hochbauten aus Stampfbeton errichtet – so auch die Illerbrücke, denn mit diesem Material hatte man damals am meisten Erfahrung." Der Stampfbeton besteht aus Portlandzement, Kiessand und Kiessteinen, die in dünnen Lagen in Schalungen eingebracht und mit schweren Stampfern zusammengedrückt werden, bis die Masse dicht ist. Insgesamt wurden 430 Tonnen Zement verarbeitet.

Vermutlich wäre die gestampfte Brücke eingestürzt, wenn im April 1945 eine schon angebrachte Sprengladung gezündet worden wäre. Das explosive Material sollte den Alliierten

▌ Auguste und Josef Müller
▌ aus Lautrach.

den Vormarsch erschweren. Doch Josef und Auguste Müller aus Lautrach wollten den braunen Wahnsinn wenige Stunden vor der Befreiung und dem nahen Kriegsende verhindern. Sie baten deshalb einen Soldaten, die Gemeinde kampflos zu übergeben. Der zeigte Vernunft: Er durchschnitt nachts heimlich die Sprengkabel. Wäre die Aktion bekannt geworden, dann wäre er wegen Sabotage sofort hingerichtet worden.

Jahre später bedankte sich die Bahn bei den Müllers für ihren Einsatz. Der Präsident der Bundesbahndirektion Augsburg schrieb 1954 nach Lautrach: „Es wurde mir mitgeteilt, dass Sie und Ihre Gattin im Jahre 1945 durch mutiges und umsichtiges Handeln die Sprengung einer Eisenbahnbrücke über die Iller verhinderten. Durch diese selbstlose Tat haben Sie die Deutsche Bundesbahn vor größerem Schaden bewahrt. Ich darf Ihnen hierfür im Namen der Deutschen Bundesbahn Dank und Anerkennung aussprechen. Es würde mich freuen, wenn ich Ihnen und Ihrer Gattin für eine Reise nach einem beliebigen Ziel in der Bundesrepublik eine Freifahrt zur

Über diese Brücke musst Du gehen

Die alte Brücke über die Kammel in Oberkammlach hat schon einiges hinter sich. Der Ortschronik zufolge wurde sie Anfang des 18. Jahrhunderts erbaut und spielte eine bedeutende Rolle während der französischen Revolutionskriege. Ehemals verlief die Fernstraße zwischen Mindelheim und Memmingen über die Brücke. Während der Schlacht vom 13. August 1796 war sie heftig umkämpft. In der „Schlacht von Kammlach" sollen die königstreuen und die republikanischen französischen Heere aufeinander getroffen sein. An der Brücke habe man in jener Nacht im Blut waten können, wird in der Kammlacher Chronik ein französischer Offizier zitiert. Errichtet wurde die aus zwei Bögen bestehende Brücke aus Ziegelsteinen sowie teilweise aus Nagelfluh- und Tuffquadern.

Verfügung stellen dürfte." Gut zehn Jahre später lösten die Müllers ein Ticket nach Berlin.

Damals konnten sie noch selbst mit dem Bähnle nach Memmingen fahren. 1972 wurde die „Legauer Rutsch" eingestellt. Drei Jahre später verschwanden die Schienen. Die Brücke über die Iller blieb aber. Der Landkreis kaufte der Deutschen Bundesbahn rund 25 000 Quadratmeter der ehemaligen Bahntrasse im Raum Lautrach und Maria Steinbach ab, um einen Wanderweg anzulegen. Die Illerbrücke gab es kostenlos dazu.

Doch mit der Zeit drang viel Feuchtigkeit ins Bauwerk ein – eine Sanierung wurde deshalb höchste Eisenbahn. Für den Landkreis Unterallgäu stand außer Frage, dass dieses einzigartige, den Illerwinkel prägende Denkmal erhalten werden muss. Und so wurde die Sanierung für alle am Projekt Beteiligten zur Herzensangelegenheit. Landrat Hans-Joachim Weirather ist stolz auf die erfolgreiche Sanierung. Bürger können jetzt die Schönheit des Bauwerks und der Landschaft auf neu geschaffenen Aussichtsplätzen genießen.

Kletterer übernahmen die umfangreichen Analysen, da die Brücke
mit schwerem Untersuchungsgerät
nicht befahren werden durfte.

Königsdisziplin im Bereich Bauen im Bestand

Die Bogenbrücke über die Iller ist ein einzigartiges Schmuckstück, ein Baudenkmal von internationaler Bedeutung und ein touristischer Höhepunkt im Unterallgäu. Der Leiter des Tiefbauamts am Landratsamt in Mindelheim, Walter Pleiner (Foto), hat die Sanierung von Anfang an begleitet. Im Interview erinnert er sich an die Herausforderungen des Projekts.

Die Planungen dauerten viele Jahre, die Bauzeit zwei Jahre – träumt man da nicht irgendwann von der Brücke?

Walter Pleiner: Die ehemalige Eisenbahnbrücke stellte auch für unsere erfahrenen Bauingenieure eine besondere Herausforderung dar. Denn das Sanieren denkmalgeschützter Bauwerke ist sozusagen die Königsdisziplin im Bereich Bauen im Bestand. Im Zuge der Planungen entwickelten wir uns immer mehr zu Experten in der Denkmalsanierung. Nach dem erfolgreichen Abschluss der Sanierungs-

arbeiten freue ich mich, dass sich die jahrelange konstante Arbeit, eine Lösung für den Erhalt der Brücke zu finden, gelohnt hat.

Beinahe wäre die Brücke zum Ende des Zweiten Weltkriegs gesprengt worden. Ein Frevel aus Ihrer Sicht?

Pleiner: Durch die Sprengung der Brücke wäre in der Tat ein herausragendes Zeugnis des Stampfbetonbrückenbaus für immer verloren gegangen. Es kann nur spekuliert werden, in welcher Bauweise eine Ersatzbrücke errichtet worden wäre, aber vermutlich hätte es sich dann wohl um einen reinen, schmucklosen Zweckbau gehandelt. Unabhängig davon hätte der Verlust dem Oberen Illerwinkel wirtschaftlich wie verkehrstechnisch für mehrere Jahre schwer zugesetzt, da die Priorität beim Wiederaufbau nicht den Nebenstrecken galt.

Gibt es im Landkreis vergleichbare Ingenieursleistungen bei Brückenbauwerken?

Pleiner: Im Landkreis Unterallgäu gibt es hinsichtlich Bauweise, Optik, Alter und Größe kein vergleichbares Brü-

ckenbauwerk. Selbst den Vergleich mit den beiden bekannteren Stampfbetonbrücken in Kempten muss die Illerbeurer Brücke nicht scheuen. Die Kemptener Brücken weisen zwar eine größere, lichte Weite auf, jedoch beträgt die Stützweite in Illerbeuren um etwa sieben Meter mehr.

Die Brücke hat 100 Jahre gehalten, wie lange hält sie nach der Sanierung?

Pleiner: Die Brücke hatte bei Beginn der Sanierungsarbeiten bereits ein Alter von 113 Jahren erreicht. Mit der Sanierung ist der Erhalt der Brücke für die kommenden 40 Jahre gesichert. Wir gehen davon aus, dass auch danach Möglichkeiten bestehen, das Bauwerk für die folgenden Generationen zu erhalten.

Von der Nordsee direkt ins Unterallgäu

Wie der Kaufmann Theodor Demmler regelmäßig frischen Fisch auf den Mindelheimer Wochenmarkt brachte.

Theodor Demmler war nicht nur ein Kaufmann mit Geschäftssinn. Er hatte auch eine ungewöhnliche Geschäftsidee perfektioniert: Er ließ sich alle zwei Woche frischen Fisch aus Bremen mit der Bahn schicken. Die Ware holte der 1887 geborene Mindelheimer, der mit seiner Frau Barbara in der Dreerstraße ein Geschäft für Obst, Zigarren und Tabak betrieb, mit seinem Fahrrad samt Anhänger am Mindelheimer Bahnhof ab. Kisten, die schichtweise mit Fisch und Eis gefüllt waren. Er brachte sie dann direkt zu seinem vierrädrigen Holzwagen auf dem Mindelheimer Wochenmarkt. Dort entstand die Aufnahme im September 1952, die Demmler mit einer schwarzen Kappe zeigt. Während seine Frau im Laden arbeitete, verkaufte er Gemüse, Obst, Gewürze und offenen Zucker auf dem Wochenmarkt. Als besonderes Angebot brachte er frische Fische an die Frau.

Theodor Demmler verkaufte an seinem Holzwagen Gemüse, Obst und regelmäßig frischen Fisch.

Der Wochenmarkt wurde damals am Marktplatz abgehalten. Heute heißt er Marienplatz. Nach wie vor wacht Ritter Georg von Frundsberg über das Treiben in Mindelheims Mitte. Dort trifft sich auch die Jugend gerne. Manchmal sitzen die Heranwachsenden auf den Rathausstufen. Manchmal auch auf der Lehne der Sitzbank. Das missfiel früher dem Altbürgermeister Strohmayer. Darüber berichtet Olli Hirle in ihrer Mundart-Sammlung „A Mendelhoimer Duranand". Der Rathauschef empfahl den Jugendlichen, sich doch auf die Bank zu setzen. Daraufhin soll einer geantwortet haben: „Sitz halt au amaul auf dia Lehna, des isch viel scheaner!"

Knochenarbeit für Wärme im Winter

Bei Pfaffenhausen wurde bis in die 1950er-Jahre Torf als Holzersatz gestochen. Die Geschichte des Abbaus geht noch viel weiter zurück.

Es ist ein Geschenk der Natur, das immer mehr in den Fokus rückte, als Holz knapp wurde: Die Rede ist von Torf. Er wurde zum Beispiel in den Moosgebieten von Mindel und Flossach gestochen. Eine kraftraubende und langwierige Arbeit, denn das Naturprodukt konnte erst verfeuert werden, wenn es ausreichend getrocknet war. Wie Torf zum Brennstoff wurde, beschrieb Herkules Haid 1782 in seiner „Oekonomischen Abhandlung" über Schwaben: „Der größte Vortheil, den man sich von diesem Geschenke der göttlichen Schöpfungskraft verschaffen kann, ist ohne Zweifel die wolfeilere Feuerung, und damit gewonnene Ersparung des Holzes. Hat man die unnütze Erde oben weggeraumet, so sticht man Torf mit einem besonderen Spaden, welcher unten an beiden Seiten schneidet. Dieses Werkzeug muss gerade so

eingerichtet werden, daß das Stück Torf davon seine Figur und Größe bekommt." So wurde der Rohstoff weiter verarbeitet: „Ist das Torf gestochen, so wird es zum Trocknen auf Schubkarren vom Stechplaze weggeführt, und stückweise herumgelegt, und sodann zum fernern Austrocknen aufgebocket, und zwei Stück an einander eines breit, und das andere hohen Weg hingestellt." Die Wärme brachte allerdings einen Nachteil mit sich, den Herkules Haid ebenfalls beschrieb: „Aber wenn nur auch unsere Nase mit dem üblen Geruche, und unser Gaumen mit den nach Torf schmäckenden Speisen sich vertragen könnten! Das ist die gemein Klage wider den Torf, daß er so übel riecht, und die Speisen unschmackhaft machet." Nach Gerüchten sei das „Torfbrennen der Gesundheit schädlich". Haid hielt dagegen: „Man brennt bey uns den Torf schon sehr lange; im Ziegelstadel haben die Arbeitsleute schon viele Hize und Rauch vom Torf ausgestanden. Weder diese Arbeiter noch irgend ein Inwohner der Stadt ist bisher davon krank geworden. Ich vermuthe vielmehr, daß der Torf und

Anschaulich wird auf dem Moos-Erlebnispfad (MEP) in Stötten die Geschichte und der Ursprung von Torf erklärt.

der von ihm kommende Rauch zur Reinigung der Luft, und selbst auch zur Gesundheit diene." Bei Pfaffenhausen wurde bis in die 1950er-Jahre „Wasa g'stocha". Auch heute noch kann sich jeder auf die Spur des Torfs machen: Im benachbarten Landkreis Günzburg gibt es bei Jettingen den Torferlebnispfad Bremental. Dort wird erklärt, wie Torf aus dem Moor kommt, wer ihn stach und wie er lagerte. In Stötten am Auerberg im Landkreis Ostallgäu zeigt der Moos-Erlebnispfad die Bedeutung der Moore für den Arten- und Biotopschutz, für Boden und Klima, aber auch für den lebenswichtigen Wasserhaushalt und insbesondere natürlich für die Hochwasserrückhaltung auf.

Der Transport

Auf Holzschubkarren wurde der gestochene Torf transportiert. Nach dem Trocknen hatte das Naturprodukt viele Verwendungsmöglichkeiten. Unter anderem wurden früher Babybetten mit ganz feinem, trockenem Torfmull ausgelegt, um den Geruch und die Feuchtigkeit zu binden.

Der Graben

Bevor gestochen werden konnte, musste ein Graben gezogen werden, ansonsten saugte sich der Torf mit Wasser voll.

Ein Lebenstraum in einem Denkmal

Früher erinnerten hohe Türme an ein fast vergessenes Handwerk. Heute bewahrt ein Künstler bei Erkheim die Geschichte. Wie Hans Kleinschmidt sein Glück gefunden hat.

Mit der alten Ziegelei in Lerchenberg bei Erkheim fand Hans Kleinschmidt das, was er immer gesucht hat: Eine Werkstatt, ein Atelier, einen Ort der dauerhaften Inspiration und noch mehr. Der gelernte Bildhauer aus Ottobeuren hat die ehemalige Fabrik von Alois Kränzle zu einem Kunstort gemacht. Das Gelände ist nicht nur Lebensraum geworden, sondern auch ein Lebenswerk. Kleinschmidt restauriert das backsteinrote Gemäuer so gut es geht mit allen Materialien, die er in die Hände bekommt. Damit bewahrt er auch ein bedeutendes Ka-

pitel Geschichte. Schließlich besteht unsere Kulturlandschaft aus gebrannten Ziegeln.

Heute erinnern Straßen an die früheren Produktionsstätten. Auf alten Flurkarten sind oft noch Namen wie „Ziegler", „Ziegelhütte", „Lettenberg" oder „Ziegelstadel" zu finden: Sie gehörten zu bäuerlichen Anwesen, be-

fanden sich aber zumeist abseits der Höfe. Das hatte zwei einfache Gründe: Zum einen wurden Stadel dort gebaut, wo es auch Lehmvorkommen gab. Zum anderen sollte mit einem Standort außerhalb von Siedlungen die Brandgefahr minimiert werden. Im Stadel, der einer offenen, lang gestreckten Halle glich, wurden Ziegel

Starke Männer: Kaum zu glauben, welche Gewichte sie bewegen mussten.

Hans Kleinschmidt machte die alte Ziegelei zu einem Kunstort. Sie steht auch für außergewöhnliche Fotoshootings zur Verfügung.

aus Lehm geformt, getrocknet und dann in einem Ofen gebrannt. Oft auch auf freiem Feld. Die bäuerliche Ziegelherstellung erlosch mit den ersten industriellen Ziegelfabrikationen gegen Ende des 19. Jahrhunderts. Das Grundprinzip ist jedoch das gleiche geblieben: Aus dem Rohstoff wurden Vollziegel geformt, die dann getrocknet in einen großen Ofen wanderten. Dort wurde dann im großen Maßstab gebrannt. In der Regel wurde die Brennkammer von einer Seite gefüllt und dann mit einer Ziegelmauer verschlossen. Nach dem mehrtägigen Brennvorgang wurde sie wieder eingerissen. Bei den Handstrichziegeln waren in größeren Fabriken sieben verschiedene Arbeiter tätig: Der sogenannte Umgänger grub den Ton. Der Karrenmann schaffte ihn anschließend zum Platz. Der Aufsetzer brachte ihn auf den Tisch zum Former. Der Abträger brachte die Steine zum Trocknen. Und der Brenner erledigte

den letzten und wichtigsten Arbeitsschritt. Die Arbeitszeit der Ziegler war früher saisonbedingt Frühling bis Herbst, die Arbeit begann bei Sonnenaufgang und endete bei Sonnenuntergang. Die Brenner waren in Schichten die ganze Nacht auf den Beinen. Der rundgemauerte Kamin war das weithin sichtbare Wahrzeichen einer jeden Ziegelei. Heute raucht es im Altlandkreis Mindelheim nur noch in Markt Wald. Die Ziegelei in Ettringen wurde 1878 geschlossen, in Kirchheim lief die Produktion bis 1967 – sechs Jahre später wurde der alte Kamin gesprengt. Etwa zu dieser Zeit endete auch der Betrieb in Achsenried bei Bedernau. Der Brennofen der Ziegelei östlich von Zaisertshofen erlosch bereits in den 1920er-Jahren. Am Lerchenberg wurden 1973 die letzten Ziegel gebrannt – dann war das große Gebäude dem Verfall ausgesetzt, ehe Hans Kleinschmidt sein Glück fand.

Als ob die Zeit stehen geblieben wäre: Die alte Ziegelei am Lerchenberg in Erkheim besitzt einen eigenen Charme.

Dampfende Höllenmaschine

Lohnunternehmer brachten eine Spezialanfertigung auf vier Rädern in die Dörfer. Sie dämpfte in kurzer Zeit Tonnen von Kartoffeln. Andere landwirtschaftliche Maschinen verkauften in Mindelheim die Gebrüder Kleiner.

Das Gefährt sieht fast so aus wie die Höllenmaschine aus „Der Brandner Kaspar und das ewig Leben": Im Film von Regisseur Joseph Vilsmair sitzt der Boandlkramer am Steuer und nimmt den Brandner Kaspar zur letzten Fahrt ins Jenseits mit. Das schnaufende und ratternde Fahrzeug entwarf der Schreiner Toni Gerg

aus Egling, der schon für viele Filme Szenenbilder gestaltet hatte. Keine Erfindung war die Maschine auf vier Rädern, die im Unterallgäu von Dorf zu Dorf gezogen wurde. Der besondere Anhänger dämpfte Futterkartoffeln. In die Schütte links wurden die Erdäpfel gegeben. Nach einiger Zeit im heißen Dampf waren sie gar und konnten dann im Stall verfüttert werden. Mehrere Tonnen ließen sich so in einer Stunde verarbeiten. Die Maschine, die im November 1975 in der Mindelheimer Zeitung abgebildet wurde, stammte von Gotthardt & Kühne. Die „Maschinenfabrik und Apparatebauanstalt" wurde 1919 in Lommatzsch in Sachsen gegründet. Der Betrieb entwickelte sich zu einem der führenden Hersteller von Spezial-,

In der Mindelheimer Maximilianstraße hatte Konrad Kleiner ab 1896 ein Geschäftshaus. Dort wurden auch Schwarzpulver und Sprengstoff verkauft. Zehn Jahre vorher hatte Ludwig Kleiner in der Stadtmitte von Mindelheim die erste Filiale eröffnet, in der Waren aus der eigenen Hammerschmiede angeboten wurden.

Dämpf- und Heizungsanlagen für die Landwirtschaft. 1947 wurde eine Niederlassung in Boxdorf bei Nürnberg errichtet, um weitere Spezialanlagen ins Fabrikationsprogramm aufzunehmen. In Ostdeutschland hatte die Maschinenfabrik Gotthard & Kühne Ende der 1980er-Jahre als volkseigener Betrieb etwa 460 Beschäftigte.

Keine Dämpfmaschinen, dafür viele andere innovative Gerätschaften stammten damals von den Gebrüdern Kleiner aus Mindelheim. Hammerwerk, Maschinenfabrik und Eisengießerei hatten mit der Zeit eine beträchtliche Größe angenommen. Kleiner war für Landwirte Ansprechpartner Nummer eins, wenn es um Maschinen und eine moderne technische Ausstattung ging. Dreschmaschinen gehörten genauso wie Futterschneidmaschinen, Schrotmühlen, Kreissägen, Jauchepumpen, Schleifapparate, Transmissionsanlagen, Riemen, Heuaufzüge,

Ackerwalzen oder Wieseneggen zum Angebot. In einer Zeitungsanzeige wurde im September 1899 für „Säemaschinen zur Herbstsaat" geworben: Sie waren „bewährt konstruiert" und konnten auch „zur Probe abgegebenen werden". Was Kleiner seinen Kunden ebenfalls anbot: „Reparaturen sämmtlicher Maschinen werden schnellstens bei billigster Berechnung

ausgeführt. Streng reelle Bedienung und coulante Zahlungsbedingungen werden zugesichert."

Die Ursprünge des Unternehmens gehen ins Jahr 1853 zurück: Damals wurde laut Magistratsprotokoll der Gemeinde Krumbach die Firma von Konrad Kleiner gegründet. 1886 eröffnete sein Sohn Ludwig in der Stadtmitte von Mindelheim die erste Filiale zum

Die Firma Kleiner aus Mindelheim war für Landwirte erster Ansprechpartner, wenn es um Maschinen ging. Die Zeitungsanzeige zeigt einen kleinen Überblick, wie groß das Sortiment war.

Verkauf von Produkten, die in der Hammerschmiede gefertigt wurden. Dessen Sohn Konrad wiederum kümmerte sich um den Vertrieb. 1892 wandelte er die Niederlassung in eine Eisenhandlung um, die auch Eisenwaren aus anderen Industriezweigen verkaufte. Vier Jahre später erwarb Konrad Kleiner ein Geschäftshaus in der Mindelheimer Maximilianstraße, in dem auch Schwarz- und Sprengpulver verkauft wurden. 1900 war nach der eigenen Firmenchronik Grundsteinlegung für ein Stahllager mit Erwerb eines 800 Quadratmeter großen Areals an der Landsberger Straße in Mindelheim. Ludwig Kleiner, der nach dem Tod seines Vaters Konrad 1923 die Firma übernahm, führte diese durch die Währungsreformen. Als er 1945 aus dem Krieg zurückkehrte, konnte er die Firma in den Jahren des Wirtschaftsaufschwungs weiter ausbauen. Heute ist die Firma Kleiner im Gewerbegebiet Nord von Mindelheim mit über 500 Mitarbeitern ein Partner für Industrie und Handwerk. Das Warensortiment umfasst etwa 60 000 Artikel. Neben dem Stammsitz in Mindelheim gibt es weitere Niederlassungen.

Am Kessel der Kartoffel-Dämpfmaschine ist die Aufschrift „Gotthard" und „Nürnberg" zu entdecken: Die fahrbare Anlage stammt von der Maschinenfabrik Gotthard & Kühne.

Erbitterter Streit um eine Erfindung

Niemand sollte um 1900 Nähmaschinen aus Amerika kaufen. Die hatten einen Sohn von deutschen Einwanderern zum Millionär gemacht.

Der Aufruf erinnert an US-Präsidenten Donald Trump, der den Freihandel zum erklärten Feind macht. „Es ist ein Unrecht, wenn Deutsche amerikanische Nähmaschinen kaufen", stand 1901 in einer großen Anzeige im Mindelheimer Anzeigeblatt. Es sei unbegreiflich, wenn das „deutsche Publikum" noch immer Geld für ausländische Singer-Nähmaschinen ausgibt. Schuld daran sei die „maßlose Werbung" der Amerikaner für Kunststickereien. Genau die könnten aber auch deutsche Fabrikate bewerkstelligen – besser und billiger. Außerdem sei es ein Unding, dass sich Amerika gegen die Einfuhr deutscher Nähmaschinen durch ungeheure Zölle verschließe. Wie sich die Zeiten ähneln. Denn auch Trump will mit Importzöllen sein Land wieder groß machen. Allerdings geht es nicht um den Absatz von Nähmaschinen, sondern um Milliardengeschäfte mit Rohstoffen oder Automobilen.

Hinter dem Aufruf von 1901 stand der Verein Deutscher Nähmaschinen-Fabrikanten, eine Interessensvertretung, die Albert Rommel um 1900 gegründet hatte. Er war der Direktor der Badischen Maschinenfabrik Gritzner. Sie stellte Nähmaschinen für den Haushalt und für die Industrie her. Besonderheit waren Maschinen, die in Möbeln versenkt werden konnten. Der Verein warb für zuverlässige, gute, deutsche Nähmaschinen für alle Zwecke. Die Geräte seien niemals in Waren- und Versandhäusern zu bekommen, sondern nur bei fachmännisch geführten Geschäften.

Eines davon hatte Theodor Thomas in der Mindelheimer Kornstraße. Er bot 1901 zum Weihnachtsfest unter anderen Pfaff-Maschinen an und

Es ist ein Unrecht

wenn der Deutsche amerikanische Nähmaschinen kauft!

Während sich die deutsche Nähmaschine durch ihre Vorzüge den Weltmarkt erobert hat, ist es geradezu unbegreiflich, daß das deutsche Publikum noch immer Geld für ausländische Singer-Nähmaschinen ausgiebt! Es wird dazu nur veranlaßt durch die maßlose Reklame der Amerikaner, welche neuerdings durch ihre Stickereireklame den

Nur keine Nähmaschine aus Amerika kaufen: Dazu rief der Verein Deutscher Nähmaschinen-Fabrikanten in Zeitungsannoncen auf.

In der Dreerstraße in Mindelheim wurden Singer-Nähmaschinen angeboten.

Das Logo
Die Marke mit dem „S" im Logo hatte sich auf dem europäischen Markt etabliert. Franz Ausberger verkaufte sie in Mindelheim.

Der Verkaufswagen
Handel auf Rädern: Was der Junge verkaufte, ist nicht bekannt. Zu erkennen ist nur ein Weidenkorb. Im Kasten daneben könnte sich eine Waage befinden.

gab eine sechsjährige Garantie. Auch Wilhelm Seitler, der ein Lager in der Pfarrstraße hatte, verkaufte Nähmaschinen. Er warb für die „Saturn" – die „beste deutsche Maschine" mit wunderbar leichtem Gang, hochelegantem Äußeren, prachtvoll gleichmäßigem Perlstich, stilvoller Lackierung und einer Einrichtung zum Vorwärts- und Rückwärtsnähen. Was viele deutsche Fabrikate von der Konkurrenz aus Übersee unterschied: Kunststickereien auf Textilien wie auf der Singer waren nicht möglich.

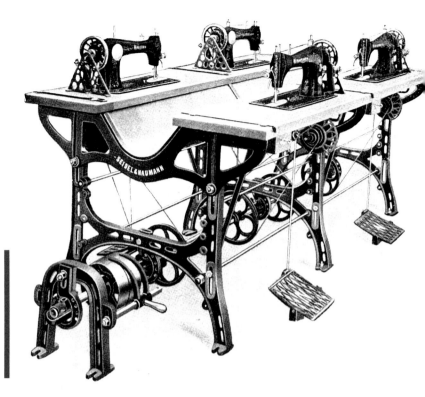

Viel Erfindergeist steckte in den „Naumann-Nähmaschinen-Kraftbetriebsanlagen", die mit „elektrischer Kraft" betrieben oder an eine Transmission angeschlossen werden konnten.

Indirekt steckte übrigens auch deutscher Erfindergeist in der Technik. Denn Begründer Isaac Merritt Singer hatte deutsche Wurzeln. Er entwickelte den Vorläufer der heutigen modernen Nähmaschine mit Tretkurbel und einer sich auf und ab bewegenden Nadel. Singer nutzte dasselbe Steppstichverfahren wie Erfinder Elias Howe. Letzterer hatte jedoch Schwie-

Pfaff-Nähmaschinen verkaufte früher der Mindelheimer Theodor Thomas. Er gab auch Unterricht.

rigkeiten, seine Nähmaschine zu vermarkten. Also machte er sich auf den Weg über den Atlantik nach England. Als er in die Staaten zurückkehrte, musste er feststellen, dass Singer seinen Steppstich kopiert hatte. Also reichte er eine Patentrechtsklage gegen Singer ein. Howes Patent wurde bestätigt, Singer wurde zur Nachzahlung von Lizenzgebühren an Howe verpflichtet und musste ihm auch einen Firmenanteil zusprechen. Trotz der Anschuldigungen und Rechtsstreitigkeiten machte die Erfindung beide zu Multimillionären.

Singer hatte nach einem bewegten Leben ein Auskommen gefunden. Er war hin- und hergerissen zwischen Technik und Schauspiel. Mit 19 Jahren hatte er sein deutsches Elternhaus – sein Vater war Mühlenbauer und stammte aus der Pfalz – verlassen, um eine Mechanikerlehre zu machen. Doch die schmiss er, um mit einer Schauspielgruppe durch die Lande zu ziehen. Offenbar wurde dann das Geld knapp. Deshalb arbeite Singer als Mechaniker beim Bau des Illinois- und Michigan-Kanals mit. In der Folge entwickelte er eine Gesteinsbohrmaschine.

Mit 2000 Dollar in der Tasche, die er für den Verkauf des Patents erhalten hatte, nahm er wieder seine Schauspiel-Karriere auf. Er gründete die „Merrit Players". Zusammen mit seiner Frau Mary Ann Sponsler und ihrem Bruder reiste er durch Ohio.

Dann schlug wieder sein Erfinderherz – er arbeitete in der Werkstatt der Gebrüder Day, die Holzlettern für den Druck herstellten. Dann kam der Autodidakt und Perfektionist auf die Nähmaschine. Sie machte aus dem Wanderschauspieler einen Millionär – auch wenn der Nähmaschinenkönig am Ende viel Streit haben sollte. Seine Frau fand heraus, dass er Liebschaften hatte. Singer war Vater von insgesamt 18 Kindern, die er mit vier Frauen hatte. Damit war noch nicht Schluss: Mit 52 Jahren heiratete er die 30 Jahre jüngere Isabella Eugenie Summerville, mit der er weitere sechs Kinder hatte.

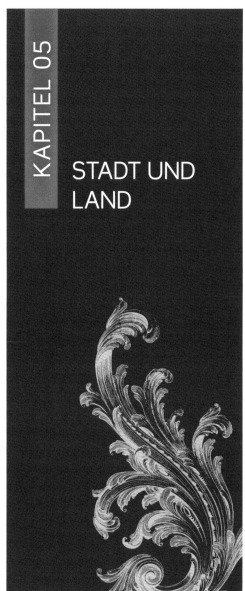

Sie bringen das Foto in die Region

Visitenkartenporträts waren vor über 100 Jahren Verkaufsschlager. Sie anzufertigen lernte auch Joseph Schorer – einer der besten Dokumentarfotografen seiner Zeit, der heute in Vergessenheit geraten ist.

„Carte de visite" waren der Renner: Sie hatten Mitte des 19. Jahrhunderts ein Format von sechs auf neun Zentimeter und konnten in Alben gesammelt wurden. Die Bilder ließen sich beliebig oft ausbelichten. Die Platten dafür hatte der Fotograf für Nachbestellungen verwahrt. Diese Visitenkarten-Porträts wurden zu einem Massenartikel, von dem Michael Weber, Xaver Fletzinger und Anton Krumm lebten. Sie hatten die Fotografie nach Mindelheim gebracht. Weber besaß ein Atelier in der Frundsbergstraße bei der Brauerei zum Ochsen. Heute steht das Haus nicht mehr. Es wurde 2009 für

Anton Krumm, Michael Weber und Xaver Fletzinger gehörten zu den ersten Fotografen in Mindelheim, die Visitenkarten-Aufnahmen anfertigten.

die Bauarbeiten einer Tiefgarage des neuen Ochsen-Areals abgebrochen. Erhalten sind noch einige Aufnahmen von Weber: Überwiegend Porträts, die er anfertigte und dann auf einen wenige Millimeter starken Karton klebte. Der hatte je nach Ausführung auch einen Goldrand. Weber warb auf

seinen Karten mit der „allerhöchsten Anerkennung Ihrer Königlichen Hoheit Prinzess Elvira von Spanien und Seiner Königlichen Hoheit des Prinzen Rupprecht von Bayern". Sein Kollege Krumm empfahl sich mit seinem „Photographen-Atelier" am Rossmarkt und „nächst dem Stadtsaal". Er wurde

ebenfalls prämiert: Nämlich vom Deutschen Photographen Verein für „beste Portrait-Aufnahmen", dazu gab's eine Anerkennung von Seiner Königlichen Hoheit dem Prinzen Ludwig von Bayern.

Ein Lehrling von Anton Krumm war Joseph Schorer: Von 1907 bis 1910 besuchte der Sohn von Adolf und Veronika (geb. Weiß) die Gewerbliche Fortbildungsschule Mindelheim und parallel dazu ging er von 1908 bis 1911 bei Anton Krumm in die Lehre. Anschließend verließ er das Unterallgäu, um in Berlin und ab 1913 in Hamburg zu arbeiten. Nach dem Ersten Weltkrieg – Schorer erlebte die Schrecken an der Front in Frankreich – kehrte er um 1920 in seine Geburtsstadt zurück. 1922 zog es ihn wieder in die Ferne. In Hamburg lernte er seine spätere Frau Alina kennen. Als freischaffender Fotograf und Bildberichterstatter belieferte er die verschiedensten Zeitungen in Berlin und London. Er nahm vor allem das Zeitgeschehen im Hamburg der 1920er- bis 1940er-Jahre mit den Schwerpunkten Drittes Reich, Krieg und Zerstörung ins Visier. Er lichtete auch kulturelle und sportliche Ereignis-

Der Hoffotograf des Wasserdoktors

Ohne ihn hätte die Nachwelt kein so präzises Bild von Pfarrer Sebastian Kneipp: Friedrich Grebmer begleitete Kneipp viele Jahre und hielt dessen Arbeit und Leben in tausenden Fotografien wie z. B. auf Seite 33 zu sehen, fest. Grebmer war 1891 als 30-Jähriger aus Südtirol nach Wörishofen gekommen, um gesund zu werden. Die Kneippkur half. Und Grebmer blieb. Er eröffnete in der Hauptstraße ein Atelier und fertigte unzähli-

ge Abzüge an, die dann als Postkarten werbewirksam um die Welt gingen. Grebmer und Kneipp freundeten sich an, über den Pfarrer lernte er auch seine Frau kennen: Kneipps Haushälterin Gertrud. Beide heirateten 1895. Logisch: Kneipp traute das Paar. Viele Kurgäste ließen sich von Grebmer ablichten. Erzherzog Josef von Österreich-Ungarn soll so zufrieden mit seiner Arbeit gewesen sein, dass er ihn zum Hofphotographen seiner Königlichen Hoheit ernannte.

Sepp Hartmann fotografierte die Mindelheimer Maximilianstraße durch das Obere Tor im Jahr 1926.

Fotografie hat eine reiche Geschichte in der Region

Ein weiterer bekannter Fotograf in Mindelheim war Sepp Hartmann (rechts). Er hatte Lichtbildwerkstätten in Memmingen und in der Bahnhofstraße. Sein Werbeslogan 1929: „Ein gutes Bild der Kinderschar macht Freude stets dem Elternpaar." Künstler mit dem Licht waren auch Sylvest Striebel und sein Sohn Johann aus Kirchheim, die nicht nur fotografierten, sondern auch malten. Von ihnen erhalten sind Fotografien, die aufgebahrte Tote zeigen – eine letzte Erinnerung für die Ewigkeit. Nachkomme Ernst Striebel hat das Heimatmuseum in seinem Heimatort aufgebaut. Wer mehr über Fotografie und die technische Entwicklung der Kameras erfahren will: In Bad Wörishofen zeigt das Süddeutsche Fotomuseum das, was viele Sammlerherzen höher schlagen lässt. Fast 1000 Exponate sind im Beethovenweg 1 zu sehen. Stephan Hebel besitzt auch eine fast vollständige Sammlung von Leica-Modellen.

Joseph Schorer dokumentierte, wie im Dritten Reich gegen jüdische Mitbürger gehetzt wurde. Das Bild ist im Deutschen Historischen Museum archiviert.

se wie die Olympischen Sommerspiele 1936 in Berlin sowie Persönlichkeiten ab. Er fotografierte Schauspieler Hans Albers genauso wie Boxer Max Schmeling. Weil er sich weigerte, in die NSDAP einzutreten, verlor er im Dritten Reich

manchen Auftraggeber. Dennoch hielt er fest, wie die Menschen in Hamburg den Krieg erlebten: Von der Euphorie und den Aufmärschen der braunen Machthaber bis hin zur Zerstörung nach den Luftangriffen. 1943 muss er nach den Recherchen von Stadtarchivar Andreas Steigerwald für einen Monat wieder nach Mindelheim gekommen sein.

Nach dem Zweiten Weltkrieg eröffnete Schorer in Hamburg ein Fotogeschäft. Wegen angeblichen Handels mit Kameras der Wehrmacht wurde er von einem englischen Militärgericht verurteilt und dann inhaftiert. Im Gefängnis soll er misshandelt worden sein – kurz nach seiner Freilassung starb er 1946, vermutlich an den Folgen. Er hinterließ eine Frau, eine Tochter namens Inge und tausende Bilder mit Dokumentarcharakter.

Joseph Schorer gehört damit zu den bedeutenden Fotografen Deutschlands. Ein Großteil seiner Bilder befindet sich im Archiv des Deutschen Historischen Museums in Berlin. In Mindelheim ist er weitgehend unbekannt.

Ein anderer Fotograf brachte es dank Wörishofen zu etwas mehr Ruhm:

In Kirchheim lebten die Künstler Sylvest und Johann Striebel.

Friedrich Grebmer. Er war zunächst Kurgast. Dann lernte er Pfarrer Sebastian Kneipp kennen. Tausende Male lichtete er ihn später ab.

Auch viele Kurgäste kamen ihm vor die Linse: Unter anderem Erzherzog Josef von Österreich-Ungarn, der Herzog von Madrid oder der Prinz von Bourbon. Grebmer wurde zum Hoffotografen des Wasserdoktos. Seine Abzüge gingen vielfach als Postkarten um die Welt – die erste PR für den aufstrebenden Kurort.

Die Rettung auf vier Rädern

Auf dem Land war früher der Aberglaube weit verbreitet: Tote Mäuse wurden auf Furunkel gelegt und Weihwasser auf Reisig sollte vor bösen Geistern schützen. Erst die Freiwilligen der Sanitätskolonnen leisteten echte Hilfe.

Wer eine der vielen Wallfahrtskirchen besucht, entdeckt kunstvoll bemalte Votivtafeln. Sie sind Ausdruck der Volksfrömmigkeit, die die Region seit Jahrhunderten geprägt hat. Tief verwurzelt war seit jeher aber auch der Aberglaube. Als „Unkraut" wurde er im September 1951 in der Mindelheimer Zeitung beschrieben – er stehe aber noch immer in der Blüte. Beispiele dafür gab es genügend. Weit verbreitet war laut Heimatzeitung etwa die Ansicht, dass Mäuse eine heilende Wirkung hätten, wenn sie auf Geschwüre, Furunkel oder Abzesse gelegt werden. Ob nun tot oder lebendig – das spielte in den wenigsten Fällen eine Rolle. Na ja, nicht ganz. Einmal soll ein Bauer eine lebende Maus auf einen

Furunkel am Nacken gebunden haben, damit sie die Wucherung abbeißt. Tatsächlich biss das Tier den Mann in den Hals. Und der starb daraufhin. In Babenhausen gab es angeblich Dorfbewohner, die sich mit einer eigenwilligen Methode böse Menschen vom Leib hielten: Wie die Zeitung berichtete, legte eine junge Frau einen Reisigbüschel auf einen Misthaufen,

zündete ihn an und besprengte ihn dann mit Weihwasser. Wörtlich wurde berichtet: „Mit würdevoller Andacht vollzog die Gläubige diese Handlung. So geschehen im Jahre des Heils 1891." Ob mit den „bösen Menschen" diejenigen gemeint waren, die genau aus dem Aberglauben Profit zogen? Davon muss es einige gegeben haben, denn immer wieder zogen vermeintliche Tierärzte durch die Dörfer, die besondere Mittelchen und Tinkturen verschrieben. Alles freilich unter dem Siegel der Verschwiegenheit. Und ohne jede Konsequenz, wenn zum Beispiel die von Fliegen geplagte Kuh die Quecksilber-Creme auf der Haut nicht vertrug und bald das Zeitliche segnete.

Auch Menschen gerieten tagtäglich an dubiose Heilmittel – sie konnten sie frei in der Apotheke kaufen. Geworben wurde in der Zeitung. Eine „Frau Körner" etwa klagte ihr Leid. Sie habe fürchterliche Schmerzen im Ma-

Wendelin Meier leitete lange die Freiwillige Sanitätskolonne Mindelheim, ein Vorläufer des modernen Rettungsdienstes.

Der Stern

Mit dem Fahrzeug
der damaligen Daim-
ler-Motoren-Gesell-
schaft (DMG) erle-
digten Mitglieder der
Freiwilligen Sanitäts-
kolonne Mindelheim
ihre Krankenfahrten.
Gelenkt wurde das
Gefährt übrigens auf
der rechten Seite.
Der Viertakter vom
Typ UK hatte 32 PS.

Mit den Freiwilligen Sanitätskolonnen entwickelt
das Rote Kreuz vielfältig
einsetzbare Teams für Un-
fälle, Krankentransporte
und Erste Hilfe.

gen und Kreuz gehabt, dazu Atemnot. Sie dachte schon, es gehe dem Ende entgegen. Eine ärztliche Behandlung habe dann eine kurzzeitige Besserung gebracht. Aber geholfen habe letztlich nur „Warners Safe Cure". Ein Allheilmittel bei Leberleiden, Gelbsucht

und Gallensteinen. Auch ein erkrankter „Gustav Schade" war von der Medizin überzeugt, die aus Wolfsfußkraut, Edelleberkraut, Gaultheria-Extrakt, Kalisalpeter, Weingeist, Glycerin und destilliertem Wasser bestand. In einer Anzeige kam er 1899 zu Wort: „Nach Gebrauch von zwei Flaschen nebst Pillen bin ich so gesund und munter geworden, dass ich bis jetzt nicht mehr das Geringste verspürt habe."

Die medizinische Fürsorge oblag im 19. Jahrhundert meistens noch dem Bader. Er war ärztlicher Helfer und Ratgeber der kleinen Leute. Seine Geschicke konnten über Tod oder Leben entscheiden. Schließlich gab es keine Notfallaufnahme im Krankenhaus, die rund um die Uhr besetzt ist oder einen ärztlichen Notdienst. Der Bader behandelte offene Wunden und zog sogar Zähne.

> In der Bahnhofstraße 52 in Mindelheim hatte Wendelin Meier seine Praxis, Anna Meier daneben ihr Friseurgeschäft.

Auch Wendelin Meier war approbierter Bader. Der Mindelheimer spezialisierte sich nach der Jahrhundertwende auf die Zahntechnik. Er hatte ein eigenes Atelier für Zahnheilkunde und künstlichen Zahnersatz. In Zeitungsanzeigen stellte er sein beachtliches Spektrum vor: Zahnfüllungen in Gold, Silber, Amalgam, Emails sowie künstlicher Zahnersatz mit und ohne Gaumenplatte. Meier bot außerdem Goldkronen, Brücken und Stiftzähne an. Er konnte auch schlecht sitzende und defekte Gebisse umarbeiten und „Zahnregulierungen nach verschiedenen Systemen" vornehmen. Es dürfte um 1913 kaum einen anderen Zahntechniker in der Region gegeben haben, der über ein derartig großes Spektrum verfügte. Nicht zuletzt nahm er potenziellen Kunden die Angst: Denn Zähne wurden „mittelst Anwendung lokaler Anästhetikum" gezogen. Wendelin Meier versprach „moderne und schonendste Behandlung, erstklassiges Material und coulante Preise". Was es heute ebenfalls nicht mehr gibt: Bei Meier war die Untersuchung der Zähne kostenlos. Wendelin Meier übergab sein „Atelier"

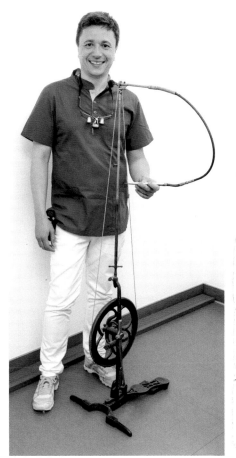

am Oberen Tor in Mindelheim an seinen Sohn Hermann. 1979 begann Dr. Hannes Meier, der sich dann 1992 Dr. Hubert Wunderle in die Praxis holte. Seit 2014 führt Zahnarzt Leopold Meier, der Sohn von Dr. Hannes Meier, die Praxis in vierter Generation fort. Wendelin Meier prägte auch noch auf eine andere Art die medizinische

Versorgung der Region: Er war Führer der Sanitätskolonne Mindelheim, die 1913 gegründet wurde. Die Einrichtung ging aus dem Sanitätszug der Feuerwehr hervor. Erste Hilfe gehörte zu den Aufgaben der Freiwilligen genauso wie Krankentransporte. Dafür beteiligten sich auch Nachbargemeinden mit einem Obolus. Heime-

negg gab beispielsweise 1916 fünf Mark. Wendelin Meier blieb bis 1935 Kolonnenführer, ehe Max Hartmann übernahm. Seit den 1880er-Jahren gab es diese Kolonnen fast überall in Deutschland. Ihre Mitglieder wurden durch Ärzte geschult und nach dem Vorbild der militärischen Sanitätseinheiten organisiert: mit Uniform, Rangordnung und festen Arbeitsabläufen, was die „Legitimationskarte" von Hans Högel zeigt: Der Zeitungsverleger war das achte Mitglied und konnte sich mit einer Karte ausweisen – sie war eine Bestätigung, dass er „zum Tragen für das Personal der freiwilligen Krankenpflege Allerhöchst normierten Bekleidungs- und Ausrüstungsstücke berechtigt ist".

Ein Misthaufen als Kunstwerk

Wie Markt Wald in den 1960er-Jahren zum schönsten Dorf des Landkreises wurde und warum das Wahrzeichen der Gemeinde heute ein echtes Schmuckstück ist.

Mit vielen blumigen Worten beschrieb ein Autor 1963 in der Mindelheimer Zeitung eine besondere Auszeichnung: Markt Wald war zum schönsten Dorf im Landkreis gekürt worden. Ausgerechnet ein Misthaufen soll nach dem Bericht mit zehn Pluspunkten bedacht worden sein – er war angeblich nach fachmännischem Urteil ein Kunstwerk seiner Art. Über Geschmack lässt sich ja bekanntlich streiten. Aber wohl kaum, wenn es sich um Mist handelt. Denn Mist bleibt Mist – ob auf einem Haufen oder abgedruckt in einer Zeitung. Es sei denn, die schöne Tochter des Müllers hat tatsächlich Stroh zu Gold gesponnen und Rumpelstilzchen die Goldfäden dann kreativ zu einem

Der prämierte Misthaufen von Michael Thalhofer. Er hatte neun Kinder.

Misthaufen aufgeschichtet. Doch so etwas gab es selbst in der Gemeinde nicht, die seit 1901 den Namen „Markt" trägt, wie seine „Königliche Hoheit der Prinzregent allergnädigst" genehmigte. Immerhin zählte der Autor in seinem Bericht damals viele positive

Eigenschaften der Gemeinde auf, die sie sympathisch machte: Ein dörflicher Charakter, viel Wald ringsum, herausgeputzte Bauernhäuser, Pläne für ein Freibad, ambitionierte Theaterspieler und Turner und Sänger. Nicht fehlen durfte der bekannteste Sohn des Ortes, Christoph Schreiner. Er wurde 1573 im Dorf, als es noch zur österreichischen Markgrafschaft Burgau gehörte, geboren. Der schwäbische Jesuitenpater und Astronom entdeckte unabhängig von Galileo Galilei und anderen 1611 mit seinem Schüler Johann Baptist Cysat die Sonnenflecken. Außerdem entwickelte er zahlreiche astronomische Geräte. Er konstruierte den Pantographen, ein Gerät zum maßstäblichen Übertragen von Vorlagen. Bei allem Erfindergeist: Wenn Schreiner an seinen Geburtsort dachte, dann hatte er das Wahrzeichen von Wald vor Augen: das Schloss am nordöstlichen Ortseingang. Dort hatten die Fürsten Fugger-Babenhausen ihren Jagdsitz. Sie sahen es gar nicht gerne, wenn jemand in ihrem Schnerzhofer Weiher badete – der Entenjagd wegen.

Lange schien das Kleinod mit seinen charakteristischen drei Rundtürmen zu verkommen. Die Farbe an der Außenfassade glich bereits dem Asphaltgrau der Hauptstraße. Leopold Graf Fugger-Babenhausen, dem das Schloss seit 2008 gehört, wollte es wieder zu einem Schmuckstück machen. Er startete deshalb das Großprojekt Sanierung. Zum einen wurde der Dachstuhl auf Vordermann gebracht: 15 Schleppdachgauben wurden neu gebaut, die Dachflächen komplett mit Biberschwanzziegeln eingedeckt. Die Kegeldächer der drei Türme wurden gänzlich zurückgebaut und in ihrer ursprünglichen zwölfeckigen Zwiebelform neu errichtet. Sie erhielten eine neue Kupferverblechung. Die historischen, gusseisernen Geweihe als Bekrönung sind nach ihrer Überarbeitung wieder der Blickfang der Turmspitzen. Über 1,2 Millionen Euro kostete die umfassende Sanierung. Weil das Gebäude unter Denkmalschutz steht, haben Freistaat, Bezirk, Landkreis und die Deutschen Stiftung Denkmalschutz ei-

nen Großteil der Kosten übernommen. Für die Renovierung des Schlosses in Markt Wald gab es den schwäbischen Denkmalpreis. Leopold Graf Fugger und seine Familie sind wohl die ersten Fugger, für die das frühere Jagd-Schloss ein echtes Zuhause geworden ist. Sie wissen es zu schätzen, darin leben und die Geschichte des Schlosses weiterführen zu können. Leopold Graf Fugger-Babenhausen sagte einmal: „Wir lieben das Leben darin und würden keine Sekunde davon missen wollen, weil wir genau diese Besonderheiten schätzen: die schiefen Wände, die krummen Türen, das Knarzen der Dielen. Genau das ist es ja, was dem Haus so viel Leben und Atmosphäre verleiht. Aber man muss so etwas mögen."

So sah das Schloss von Markt Wald in den 1960er-Jahren aus.

Theaters schon so lange geschlossen waren, ist ein recht reger Besuch desselben zu erwarten. Das Stück wird, wie wir hören, nur einmal gegeben werden.

Se. Kgl. Hoh. der Prinzregent haben allergnädigst zu genehmigen geruht, daß die Marktgemeinde und Ortschaft Wald fortan den Namen „Markt Wald" führe.

Stuttgart, 6. Dezember. In der Mordaffaire, welcher die Babette Wirth zum Opfer fiel, steht nunmehr fest, daß ein Sittlich=

Züchtige Zeiten

Nur nicht zu viel nackte Haut zeigen: Das war angesagt, als das Türkheimer Freibad im Dritten Reich entstand. Was der Kriegsverbrecher Julius Streicher damit zu tun hatte.

Wer Aufnahmen vom neuen Türkheimer Freibad aus dem Jahr 1935 sieht, ahnt es nicht: Hinter der Freizeitanlage verbirgt sich auch eine düstere Geschichte. Denn das damalige „Volksbad" soll ein Geschenk von Julius Streicher gewesen sein.

Am 17. Mai 1935 hielt Streicher anlässlich der Amtseinführung des neuen Türkheimer Bürgermeisters Josef Wiedemann vor dem Freibad mit seinem 50 Meter langen und 35 Meter breiten Becken eine Ansprache. Er sagte: „Die Schaffung des Volksbades ist eine Tat von noch gar nicht abzusehender Tragweite."

Auf Türkheim kam Streicher durch seinen Vater Friedrich, der sich 1905 in der Stadt niedergelassen hatte. 1932 feierte der Oberlehrer seinen 90. Geburtstag. Darüber wurde im Türk-

heimer Anzeiger berichtet – mit dem Hinweis, dass der Jubilar „ein fleißiger Besucher des Messopfers" ist.

Tatsächlich war der Lehrer nach dem damaligen Weltbild nicht schwäbisch-konservativ – denn sein Sohn Julius kam als uneheliches Kind in Fleinhausen bei Dinkelscherben zur Welt. Julius Sebastian Streicher war das neunte Kind von Friedrich Streicher und Anna Maria Weiß, die in einer eheähnlichen Gemeinschaft zusammenlebten. Vor 100 Jahren galt diese

Beziehung als unsittlich. Julius Streicher sagte einmal, dass er gegen den Willen der Mutter zur Welt gekommen sei. Er bezeichnete sich später selbst als „Schmerzenskind" der Familie. Bei der Geburt habe er angeblich kein Lebenszeichen von sich gegeben. Als die Mutter das vermeintlich Totgeborene schon betrauerte, begann der Säugling zu atmen.

Julius Streicher wurde wie sein Vater Lehrer – unter anderem arbeitete er bis 1909 in Mindelheim. Dort bekam ihn der spätere SPD-Reichstags- und Bundestagsabgeordnete Josef Felder zu spüren. Streicher habe ihn mit dem Rohrstock traktiert und gedemütigt. Felder charakterisierte ihn als „äußerst unangenehm, sehr aggressiv und unberechenbar". Felder kam wegen seines politischen Engagements später ins KZ Dachau. Willy Bogner, bei dem Felder zeitweise im Sportgeschäft in München gearbeitet hatte, schaffte es durch seinen persönlichen Einsatz, dass der kritische Mindelheimer aus dem Konzentrationslager entlassen wurde.

Streicher ließ sich später nach Nürnberg versetzen, wo er die Bäckerstochter Kunigunde Roth kennenlernte und heiratete. Er stieg zum NSDAP-Gauleiter Mittelfrankens und dann von ganz Franken auf. Er gründete das antisemitische und pornografische Hetzblatt Der Stürmer – ein einträgliches Geschäft, das ihn zum Millionär machte. Streicher wurde mächtig. Das zeigte sich, als 1934 sein Vater Friedrich in Türkheim starb.

Nicht nur der damalige Bayerische Ministerpräsident sprach sein Beileid im Namen der Staatsregierung aus. Auch von Führer und Reichskanzler Adolf Hitler traf ein „wundervoller

Kranz" ein. Das jedenfalls berichtete der Türkheimer Anzeiger. Benefiziat Reiter betonte in seiner Trauerrede die „Verehelichung" und den „reichen Kindersegen" sowie „treueste Pflichterfüllung, innige Vaterlandsliebe und tiefe Religiosität". Das waren echte Fake-News, um den Lebenslauf des Verstorbenen ganz im Sinne des prominenten Sohns zu glätten. Der soll beim Begräbnis mit einer Reiterpeit-

Juden waren unerwünscht

Im Volksbad ging es züchtig zu: Die Frauen trugen teilweise Badekleider, um nicht zu viel nackte Haut zu zeigen. Der Aufenthalt von „Personen männlichen Geschlechts über fünf Jahre in der Frauenabteilung und umgekehrt" war verboten. Das regelte die Badeordnung von 1935. An oberster Stelle stand ein weiteres Verbot: Juden war der Zutritt untersagt. Ebenso durfte nicht „ausgespuckt" oder im Becken geraucht werden.

sche erschienen sein – das deckt sich mit einer Erinnerung. Ein Arzt, der Streicher von klein auf kannte, berichtete dem Türkheimer Theologen und Schriftsteller Joseph Bernhart einmal: „Auch beim Spiel mit anderen Knaben neigte er, meist mit Stecken und Peitsche versehen, zum Schlagen, Quälen und Händelstiften." Später kreideten ihm Parteigenossen einen herrischen und ungehobelten Führungsstil an. Aber Hitler hielt seine Hand schützend über Streicher. Das half ihm später allerdings nicht mehr.

Als die Amerikaner immer weiter vorrückten und Nazi-Deutschland besetzten, blieb Streicher nur die Flucht. Über Türkheim, wo er sein Auto auftankte, machte er sich auf den Weg weiter nach Süden. Unter dem Namen Josef Sailer versteckte er sich schließlich in einem kleinen Tiroler Dorf.

Dort wurde er nach einem Hinweis aus der Bevölkerung festgenommen. Als ihm der Prozess gemacht wurde, behauptete er zunächst, vom Genozid an den Juden nichts gewusst zu haben. Im Oktober 1946 wurde er wegen Verbrechen gegen die Menschlichkeit zum Tod durch den Strang verurteilt.

Seine Bilder geben der Heimat ein Gesicht

Hermann Maier aus Mindelheim hat eine der größten Foto- und Postkartensammlungen Süddeutschlands. Wie er zur Sammelleidenschaft kam.

Wie viele es genau sind, weiß Hermann Maier nicht. Über 20 000 müssten es sein. Postkarten, Grußadressen und alte Fotografien in jedem Format und aus vielen Teilen Schwabens hat der Mindelheimer über die Jahre gesammelt. Und noch mehr: Zu den meisten Ansichten kann er eine Geschichte erzählen. So wird die Sammlung zu einer spannenden Zeitreise. Schnell vergehen Stunden, wenn Maier zu blättern beginnt. Dann plötzlich hält er inne, zieht eine Karte heraus und erzählt. „Das ist das Hochzeitsfoto meiner Eltern", sagt er. Narziss und Alberta Maier ließen sich 1926 in

Tracht ablichten. Der schneidige Narziss, Jahrgang 1896, hat einen Hut mit Gamsbart auf dem Kopf. Zu seinen Füßen liegt ein Leinenrucksack. Hermann Maier weiß, was sich darin befand: ein Akkordeon. Das Instrument war Ausdruck des geselligen Wesens, das dem jungen Mann zu seinem Glück verhalf. Als Schweizer auf einem Hof in Mindelau lernte er die sechs Jahre jüngere Alberta kennen. Sie war Dienstmädchen. Und sie war vermutlich begeistert von der Musikalität von Narziss. Der schwang sich mit dem 1919 gekauften Akkordeon im Leinenrucksack abends oft aufs Rad und fuhr zu den Trachtenvereinen Wörishofen und Lauchdorf. Oder in ein Wirtshaus, wo die Musikanten gern gesehen waren – sie sorgten für Stimmung, was sich dann auf den Umsatz niederschlug. Narziss und Alberta heirateten im Juli 1926. „Um 6 Uhr war Standesamt in der Stube des Bürgermeisters",

Hermann Maier aus Mindelheim hat in seiner Sammlung über 20 000 Postkarten und alte Fotografien. Die Geschichten, die Maier erzählen kann, geben der Heimat ein einzigartiges Gesicht.

Der Gamsbart

Der echte Gamsbart stammt aus der Zeit, als Narziss Maier als Senn in Einödsbach bei Oberstdorf arbeitete.

Der Leinenrucksack

In einem Leinenrucksack befand sich das Akkordeon von Narziss Maier. Er hatte es 1919 in München gekauft.

■ Die Aufnahme zeigt Alberta und Narziss Maier, die 1926 in Tracht heirateten.

Triefenried aus der Vogelschau

Schlottermühle, Post Unteregg

Schulhaus u. Handlung
v. Alfred Endres

Die Sammlung von Hermann Maier
aus Mindelheim bildet Heimat-
geschichte ab. Sie dürfte zu den
größten in Süddeutschland gehören.

weiß Sohn Hermann, der 1939 zur Welt kam. Das gesellige Wesen seines Vaters lag ihm in den Genen. Es hat ihn im Leben weitergebracht.

Der „Baurabua" wird Privatfahrer in München

Im Jahr 1957 zog es Hermann Maier nach München. Er wurde Privatfahrer eines Zahnarztes, der seine Praxis in der Nobelmeile, der Maximilianstraße, hatte. Maier saß am Steuer eines Mercedes 300 – ein erhabenes Gefühl für den „Baurabua" aus Mindelau. Das hätte er damals freilich nie gesagt. Aber viele Jahrzehnte danach gibt er selbstkritisch zu: „Daheim waren die Verhältnisse ärmlich." Während der Zeit als Privatchauffeur in der Landeshauptstadt begann Maier nebenbei Renaults für eine Mindelheimer Vertragswerkstatt zu verkaufen. Gleichzeitig stromerte er an Sonntagen auf Flohmärkten herum. Auch alte Karten und Fotos fielen ihm in die Hände. Seine Sammlung wuchs an, als er beim Mindelheimer Autohaus Renault Mayer als Verkäufer eingestellt wurde. Maier kam herum, kam mit den Menschen ins Gespräch. Und

Narziss Maier (im Fensterrahmen rechts) war während des Zweiten Weltkriegs Kommandant der Feuerwehr von Mindelau, die überwiegend aus Frauen bestand. Die Männer waren an der Front und konnten nicht helfen.

die vermachten ihm die eine oder andere Postkarte oder Fotografie. 1962 schenkte ihm zum Beispiel in Biessenhofen eine Kundin eine Aufnahme. Sie zeigt das Haus von Dr. Fries, bei dem die Frau Dienstmagd war.

Menschen liegen dem Sammler am Herzen

Maiers Sammelleidenschaft umfasste auch Gemälde: Ansichten der Mindelburg, der Mindelheimer Altstadt und Kirchen gehören dazu. Schwerpunkt sind aber Postkarten. Die Motive reichen von Friedrichshafen bis Berchtesgaden und von Füssen bis Nördlingen. Die Sammlung gehört zu den größten in Süddeutschland, bildet Heimat mit all ihren Sehenswürdigkeiten, träumerischen Landschaften und vor allem Menschen

ab. Die liegen Maier am Herzen. Er ist ein Menschenfreund, der die Geselligkeit liebt. Dafür schätzten ihn seine Kunden. Maier wurde mehrfach von Renault zum erfolgreichsten Verkäufer Süddeutschlands prämiert. Er sorgte dafür, dass im Landkreis die französische Automarke in der Zulassungsstatistik immer vorne lag. Doch statt über den beruflichen Erfolg zu reden, schwelgt

er lieber in den Erinnerungen, die in seinen Karten stecken. „Mei, wenn man so zurückdenkt", sagt Maier und holt Luft, als er die Karte aus Altensteig sieht. Sie zeigt Dorfmusikanten im Jahr 1923. „Man traf sich früher einfach, um gemeinsam Musik zu machen. Oft auch am Maibaum." Auch sein Vater gehörte dazu. Sein Akkordeon hütet Maier heute wie einen Schatz.

Das ist die Höhe

Tore und Türme prägen das Bild Mindelheims. Wo Menschen früher grausame Qualen ertragen mussten und wie ein ganz besonderes Wahrzeichen der Stadt aus einer Bierlaune heraus entstand.

Als Kaiser Maximilian mit seinem Gefolge einzog, konnte er die Stadt schon von Weitem erkennen: Wie ein Bollwerk im breiten Mindeltal lag sie da, markant mit Stadtmauer und ihren Türmen. Sie sind noch heute ein Wahrzeichen. Aber welcher ist eigentlich der höchste?

Deutlich zu erkennen ist der Turm der Stadtpfarrkirche St. Stephan mit seinen 68 Metern Höhe. Auch der Kappellturm der Silvesterkirche (48 Meter) und das Untere Tor mit seinen 40 Metern ragen aus dem Stadtbild heraus. Spitze ist auch der runde Gefängnisturm – allerdings nur, was seine Höhe von 34 Metern angeht. Denn es ist eher die grausame Geschichte, die ihm einen traurigen Spitzenplatz einräumt.

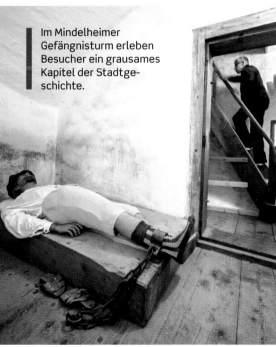

Im Mindelheimer Gefängnisturm erleben Besucher ein grausames Kapitel der Stadtgeschichte.

Was sich in dem Gemäuer früher abspielte, ist heute kaum vorstellbar. Menschen erlitten dort unvorstellbare Qualen. Noch heute findet sich im Turm aus dem 14. Jahrhundert ein Teil des Instrumentariums der Henker: Halsgeigen und Halspressen, Dau-menschrauben oder Hand- und Fußeisen. Der Grausamkeit der Menschen schien damals im Allgemeinen keine Grenzen gesetzt zu sein: Menschen wurden zum Beispiel zur Folter auf eine Streckbank gelegt. An Händen und Füßen wurden dann Seile befestigt.

So hat sich der Durahansel im Lauf der Zeit verändert: Den größten Faschingsnarr der Welt gibt es seit 1909. Auch der Blick vom Oberen Tor hinab lohnt sich (links): Die Maximilianstraße bei Nacht bietet eine besondere Atmosphäre.

1911   1926   1950   2018

Sie wurden mit Winden auseinander gezogen, um den Körper zu überstrecken. Anfangs konnten die Delinquenten mit der Muskelkraft noch gegenhalten, doch irgendwann gaben die Muskeln nach. Zuerst sprangen die Gelenke heraus. Zuletzt rissen Seh-

Mindelheimer Wahrzeichen: Das Einlasstor (links), der Kappellturm der Silvesterkirche (Mitte) und das Obere Tor.

nen. Mancher wünschte sich nur noch einen schnellen Tod. Weniger Schmerzen bedeutete ein Ende durch das Schwert. Mit ihm wurde im Juli 1776 Anna Magdalena Fetzen ins Jenseits befördert. Diese Enthauptung war die nachweislich letzte Hinrichtung in Mindelheim. Anna Magdalena Fetzen wurden mehrere Straftaten vorgeworfen. Dokumentiert ist, dass

sie „nebst einer großen Bande viel und gewaltsame Morde und Diebstal begangen" hat. „Viel Jahr" soll sie außerdem „Mans-Kleider" getragen haben, was damals als verwerflich galt. So führte ihr Schicksal in den Gefängnisturm. Die letzten Gefangenen dort waren übrigens 1949 der damalige Unterrammer Bürgermeister und zwei Landwirte. Ihnen wurde vorgeworfen, heimlich ein Schwein

Der Blick auf die Stadt einst und heute: Die historische Aufnahme stammt von Ludwig Schramm, der das Hauptgebäude der Mindelburg 1878 gekauft und dann wieder hergerichtet hatte.

und ein Kalb geschlachtet zu haben, um mit dem Fleisch einen Kirchenmaler verköstigen zu können. Der hatte die Dorfkirche renoviert. Dazu kam, dass einer der drei angeblich einen US-Soldaten geohrfeigt hatte. Die Militärregierung sperrte das Trio daraufhin ein. Die Arme-Sünder-Glocke im Oberen Tor wurde übrigens nicht geläutet. Das geschah nur, wenn das letzte Stündlein eines Sünders geschlagen hatte. Die Glocke befindet sich im Oberen Tor. Es wurde 1337 erbaut und hatte ursprünglich ein Fallgitter, ein Vorwerk, eine Zugbrücke und einen Wassergraben. Seit 1909 wird zur Faschingszeit an der Westfassade der „Durahansl" aufgehängt. Der wohl größte Faschingsnarr der Welt misst 21 Meter von der blau-gelben Narrenkappe bis zu den Schuhen mit roten Bommeln. Die Geburtsstunde des Durahansls schlug im Januar 1909 nach

einer feuchtfröhlichen Fasnachtssitzung der Männerriege des damaligen Männerturnvereins. Als die Polizeistunde begann, setzten die Männer ihre lebhafte Diskussion über das Programm beim bevorstehenden Gumpigen Donnerstag vor dem Gasthaus fort. Da passierte es: Einer der Beteiligten blieb wie angewurzelt stehen und starrte auf den Oberen Torturm. „Dau luagat", rief er, als er im Turm einen leibhaftigen Hanswurst sah. Seinen Kumpanen rief er zu: „Leut' luagat dean Dura a! Sieht der it wia a Hanswurschtl aus, dös Dach, die Eckdürala, dia Durchfahrt, i moi, i sieh en leibhaftiga Hanswurscht." Die Idee hatte Folgen: „Ma sott eahn glei aumala", soll der nicht mehr ganz nüchterne Mann ausgerufen haben. Die Gruppe diskutierte weiter und entschloss dann: „Mit dem Dura muss was g'schea." Gesagt, getan. Unter strenger Geheimhal-

Das Turmuhrenmuseum

In Mindelheims zweithöchstem Wahrzeichen befindet sich das Schwäbische Turmuhrenmuseum. Die Sammlung mit etwa 50 Zeitmessern aus der Zeit von 1562 bis 1978, dazu zahlreiche Taschenuhren, Pendulen und Sonnenuhren, ist in Deutschland einzigartig. Im Turm der ehemaligen Silvesterkapelle schwingt übrigens auch das zweitlängste Pendel der Welt im Fünf-Sekunden-Takt. Es hat eine Länge von 26 Metern. Öffnungszeiten mit Führung sind jeden Mittwoch und letzten Sonntag im Monat von 14 bis 17 Uhr. Führungen für Gruppen nach Vereinbarung.

tung begannen der Turmwart und Sattler Gustl Weber sowie die beiden Malermeister Ernst Holzbaur und Wilhelm Stölzle mit der Arbeit. Wenige Tage später war der erste Durahansl aus Juterupfen fertig. Um ihn aufzuhängen, musste der städtische Ordnungshüter abgelenkt werden: Einige Mitglieder des Turnvereins zettelten eine Prügelei im Gasthaus Dreikönig an. Die Freude über den lustigen Gesellen war groß – schon ein Jahr später durften die Narren ihren Durahansl offiziell am Tor anbringen. Der zweite war nicht mehr acht, sondern 21 Meter groß. Über die Jahre erhielt der Durahansl Zuwachs: Die „Amme", Hansls weibliches Pendant, auf der Ostseite des Oberen Tores und die Freundin „Columbine" am ehemaligen Mauritia-Febronia-Gymnasium.

Der besteigbare Burgfried der Mindelburg ist der höchste Punkt in der Kreisstadt. Die Aufnahme entstand in den 50er Jahren.

Ein Geschenk des Himmels

Der Lohhof hat eine lange und wechselvolle Geschichte: Einst Kloster und Waisenhaus, dann Lazarett und später Seniorenheim. Heute finden im alten Gemäuer Suchtkranke zurück ins Leben.

Der Lohhof ist ein Ort geblieben, der Hilfe und Zuflucht bietet. Er gibt Suchtkranken wieder eine Perspektive – er ist ein Geschenk des Himmels. Das war auch um 1900 so. Damals wollten viele junge Frauen ins Kloster, es gab sogar eine Warteliste. Für viele bedeutete das Leben hinter den Klostermauern einen sozialen Aufstieg, der freilich von der Familie gerne gesehen wurde. Auch die Dominikanerinnen in Wettenhausen hatten großen Zuspruch. Weil ihr Kloster zu klein wurde, suchten sie nach einer Filiale – die wurde weiter südlich gefunden, nämlich im alten Gutshof zwischen Pfaffenhausen und Mindelheim. Im Jahr 1902 erwarben die Dominikanerinnen die Anlage. Es war eine große Investition: 100 000 Mark mussten die Klosterschwestern alleine für den Kauf aufbringen. Dafür erhielten sie 120 Tagwerk Äcker, 100 Tagwerk Wiesen, 20 Tagwerk Wald, ein Wohnhaus, einem Stadel, Viehstall, Remisen, eine kleine Mühle mit zwei Mahlgängen, zwei Fischweiher, 40 Stück Rindvieh, neun Pferde, zwei Muttersauen und 90 Hühner. Für das gesamte Klosterprojekt in neuromanischem Stil musste noch mehr Geld her: 200 000 Mark wurde vom Gutsbesitzer Forster aus Klingenburg, 200 000 Mark wurden vom Bischöflichen Ordinariat und 100 000 Mark von der Versicherungsanstalt Schwaben beigesteuert. Dazu ist folgende Bemerkung überliefert: „Es waren erdrückende Sorgen für unsere gute Mutter Ludwiga (Nickl), bis nur immer die Zinsen dieser großen Summen rechtzeitig aufgebracht waren." Die Baupläne entwarf Architekt Hans Schurr

Prachtvolles Farbenspiel: der Altar der Kirche im Lohhof.

aus München, Baumeister Wilhelm Striebel aus Mindelheim setzte die Pläne mit Kirche und Waisenhaus um. Überwiegend Italiener bauten ab 1903 das Kloster Lohhof auf. Täglich wurden sie in einer Kantine verköstigt. Vermutlich aber mit schwäbischer Hausmannskost statt mit Pasta, Pizza und Gelati.

Christoph von Fugger errichtete 1616 ein Gestüt

Später wurde aus der Kantine eine Wirtschaft, die 1959 wieder schloss. Das alte Gemäuer ist geblieben. Es steht mit aller Wuchtigkeit auf dem freien Feld. Niemand ahnt, welche bewegte Geschichte es in sich trägt. Der Lohhof wird urkundlich erstmals 1445 erwähnt. Um 1616, so ist überliefert, errichtete Christoph Fugger hier ein Gestüt. Nach mehreren Besitzerwechseln wurden die

Im gesamten Kloster sind Innenräume mit ornamentaler Malerei, geschnitzten Möbeln und sehr guter Bauskulptur erhalten.

Englischen Fräulein von Mindelheim 1706 Eigentümer des Gutes. Als das Institut in Folge der Säkularisation aufgehoben wurde, ging der Lohhof in Privatbesitz von Max Großmann über. 1905 kamen die ersten Waisenkinder. Später wurden während der Wintermonate land- und hauswirtschaftliche Kurse für Bauerntöchter abgehalten, wie es in einem Wanderbuch aus dem Jahr 1927 heißt. Das Waisenhaus wurde 1939 geschlossen. Während des Weltkriegs ereilte es das Schicksal vieler anderer Gebäude: Es wurde zum Lazarett für verwundete Soldaten umfunktioniert. Danach wurde es ab 1945 bis zum Jahr 1992 ein Alten- und Pflegeheim. Nach dessen Schließung hatte das Haus keine besondere Funktion mehr. Die letzten Schwestern wurden 2001 ins Mutterhaus nach Wettenhausen zurückbeordert.

Gruss aus Kloster Lohof bei Mindelheim.

Heute wie damals überrascht die Dimension des Klosters auf freiem Feld.

Dem Tod ins Auge geschaut

Im Wald bei Stetten erschrickt ein Jäger zu Tode: In einem heftigen Gewitter kommt im Wald ein Sarg auf ihn zu.

Gestorben wird immer – darüber gesprochen aber wenig. Denn der Tod ist ein unbequemes Thema. Bei vielen Handwerken gehört er allerdings zum Alltag. Der Bestatter zum Beispiel kümmert sich um die Überführung des Toten. Er sorgt für die Sargausstattung und die Bekleidung des Verstorbenen oder organisiert die Trauerfeier. Der Steinmetz schafft währenddessen ein bleibendes Andenken. Und der Schreiner kümmert sich um ein Holzkreuz und um einen Sarg, in dem der Leichnam zur letzten Ruhe gebettet und dann beigesetzt wird.

Auch der Schreinermeister Julius Freuding aus Stetten fertigte Särge an. Einmal hätte ein erledigter Auftrag beinahe ein Todesopfer gefordert. Grund war nicht die fehlerhafte Ausführung, die zum Beispiel einer Witwe den Atem hätte nehmen können und sie auf direktem Weg ins Grab befördert hätte. Es waren vielmehr die Umstände nach getaner Arbeit. Julius Freuding, der 1848 geboren wurde, wollte einen gerade geschreinerten Sarg nach Wipfel ausliefern. Weil er keine andere Transportmöglichkeit hatte, klemmte er sich darunter und trug ihn auf den Schultern. Wie praktisch: Ein Abendgewitter zog auf und die ers-

In Stetten fertigte Julius Freuding vor über 100 Jahren Särge an. Auch heute noch ist der Ort Sitz der Firma, die nun hochwertige Einrichtungen für Arztpraxen und Dentallabore herstellt.

ten Tropfen prasselten herab. Freuding blieb unter dem Sarg trocken. Dafür schwitzte der Jäger Franz Mayer Blut und Wasser. Auf einem Hochsitz hatte er eigentlich Wild im Visier. Doch als er in der Ferne den Sarg mit zwei Beinen auf sich zukommen sah, wurde ihm ganz anders. Es gewitterte stark und die beschauliche Abenddämmerung hatte sich in ein Höllenspektakel aus Blitzen und Donner verwandelt.

Mayer sah sein letztes Stündlein gekommen. Doch statt den Sensenmann mit der Büchse niederzustrecken, wagte er sich heran und konnte den Spuk aufklären. Die Begebenheit wurde später von Generation zu Generation weitererzählt – lange nach dem Tod von Schreinermeister Julius Freuding, der 1919 gestorben war. Beerdigt wurde er stilecht in einem geschreinertem Sarg aus Holz.

Wipfel um 1920: Dort trug sich die Geschichte um den Schreinermeister Julius Freuding zu, der einen Sarg auslieferte.

Todes-Anzeige.

Gott dem Allmächtigen hat es gefallen, unsern innigstgeliebten unvergesslichen Vater, Grossvater, Schwiegervater und Bruder den ehrengeachteten

Herrn Julius Freuding

Schreinermeister in Stetten

heute früh 3 Uhr nach längerem schweren Leiden, versehen mit den heiligen Sterbsakramenten im 71. Lebensjahre zu sich in die ewige Heimat abzurufen.

Dirlewang, Stetten, Weingarten bei Ravensburg, Aubing, 13. 8. 1919.

Die tieftrauernd Hinterbliebenen.

Die Leiche wird nach Stetten überführt. Die Beerdigung findet daselbst am Freitag, 15. August nachmittags 2 Uhr, der Gottesdienst am Samstag, 16. August vormittags 9 Uhr statt.

„An den Kühen konnte ich mich ausweinen"

Auf dem Hungerweg ins Unterallgäu: Schwabenkinder wurden früher auf die Reise geschickt, um bei fremden Bauern zu arbeiten. Auch August Dorn war ein „Hütebua".

Sie mussten ihre verarmten Elternhäuser verlassen und über die Berge ziehen. Teilweise bei Schnee beschritten die Schwabenkinder den Hungerweg. Die „Hütekinder", wie sie auch genannt wurden, und welche sich alljährlich ab dem Frühjahr auf schwäbischen Bauernhöfen verdingten, waren im Schnitt zwischen sechs und 14 Jahre alt. Einer von ihnen war August Dorn.

In den Sommermonaten 1941 bis 1943 arbeitete er auf einem Hof in Legau. August war zehn Jahre alt, als seine Mutter starb. Sein Vater, ein Handwerker, wusste nicht mehr, wie er alleine die fünf Kinder in Riefensberg im Bregenzerwald ernähren sollte. Also musste August gehen. Ein Schicksal, das Tausende mit ihm teilten. Nach einem oft beschwerlichen und gefährlichen Fußweg über Alpenpässe kamen die Kinder am Bodensee an. Von dort ging es meistens nach Ravensburg, wo es regelrechte Märkte für Kinder gab. Dort konnten sich Landwirte ihre neuen Arbeitskräfte aussuchen. Die Schwabenkinder verrichteten ihrem Alter und der Jahreszeit entsprechende Arbeiten. Zu den wichtigsten und täglichen Aufgaben gehörte das Viehhüten – auch bei Eis und Schnee. Immer wieder berichteten ehemalige Schwabenkinder über

Das unscharfe fotografische Dokument zeigt August Dorn (rechts) im Alter von zehn Jahren.

erfrorene Zehen. Wer konnte, wärmte sich seine Füße in Kuhfladen. Die Mädchen unter den Schwabenkindern mussten im Haus helfen. Die Arbeitszeiten lagen bei weit über zwölf Stunden täglich. Lohn war Essen, neue Kleidung und etwas Geld, das dann nach Hause gebracht wurde. Oft blieben die Kinder Fremde, vor allem wegen der sprachlichen Unterschiede. Auch August Dorn fühlte bei seiner ersten Stelle als Schwabenkind, dass er nicht zur Familie gehörte: „Den Bauersleuten konnte ich einfach nichts recht machen. Sie haben mich nur beschimpft, sonst wurde kaum mit mir geredet." Der Bub bekam keinen Zucker in den Kaffee und keine Kirschen aus dem Obstgarten. Einmal wollte er aus Verzweiflung den Hof anzünden. Aber was sollte dann aus den Tieren werden, fragte er sich. Die Tiere waren sein großer Trost in der Fremde. „An den Kühen konnte ich mich ausweinen", erinnerte sich Dorn. Immer wieder schrieb er Briefe nach Hause mit der Bitte, dass ihn der Vater doch abholen möge. Doch er kam nicht. August Dorn musste durchhalten, bis er im Herbst wieder zurück in den Bre-

Die Schuhe ....

Früher stellte ein Paar Schuhe einen besonderen Wert dar: Sie waren robust und so gefertigt, dass sie ein Leben lang hielten – meistens waren sie doppelt genäht und mit Eisen besohlt. Bei den Schwabenkindern galten ein gutes Paar Schuhe und neue Kleidung auch als Lohnersatz.

Die Hüttenbuben ließen sich auf dem massiven Holzgeländer über einer Eisenbahnbrücke auf der Lokalbahnstrecke Pfaffenhausen/Kirchheim fotografieren.

Im Wandel der Zeit

Viel Spannendes und Amüsantes ist im Buch „Brauchtum, Heimat, Geschichten" zu entdecken. Mit dem Autor Josef Hölzle können Leser die Heimat mit ihrer bunten und geschichtsträchtigen Vielfalt durchwandern. 300 Bilder illustrieren die Texte und geben bisher noch nicht gesehene Einblicke in Unterallgäuer Städte und Dörfer. Auf 224 Seiten schildert Hölzle das Leben der Menschen vom „ersten Fahrrad bis zum letzten Geleit", wie er es treffend formuliert.

Das Buch gibt es in den Geschäftsstellen der Mindelheimer Zeitung zu erwerben.

genzerwald durfte. Bei anderen Landwirten hatte er es besser. In Legau gehörte er zur Familie. Er durfte am Tisch mit den anderen Kindern sitzen. Wenn sich der Bauer bekreuzigt hatte, durften alle mit dem Essen anfangen. Meistens gab es Brotstücke, die in eine Schüssel mit Milch oder Kaffee gegeben wurden. Jahre nach seiner Zeit im Unterallgäu erhielt August Dorn aus Legau einen Brief – er sei immer willkommen, stand darin. Zu der Familie hielt er zeitlebens Kontakt. August Dorn lernte später Bäcker. Sein Vater hatte eine Lehrstelle für ihn gefunden und gesagt: „Das ist ein Beruf, mit dem du nie mehr hungern musst." Dorn machte seinen Meister und eröffnete in Feldkirch eine Bäckerei und ein Café. Wenige Jahre vor seinem Tod besuchte Dorn noch einmal den Hof in Legau.

Ein Wirtshaus wird zur Schule

Raumnot zwang Ettringen vor 60 Jahren zu einem ungewöhnlichen Schritt: Buben wurden vorrübergehend in der „Krone" unterrichtet.

Ein Treffpunkt für Jung und Alt, ein Ort der Geselligkeit, ein Umschlagplatz für Neuigkeiten: Das Wirtshaus war in Bayern um 1900 der soziale Mittelpunkt jeder Dorfgemeinde. Außerdem war es meistens der einzige Platz, an dem es ein gekühltes Bier gab. Doch zu viel davon, und es war geschehen um die so oft beschworene Bierseligkeit: Die Gemüter erhitzten sich, Streithansel gingen sich an den Kragen, dann wur-

de gerauft, dann flogen die Fäuste. Im Wirtshaus wurde aber auch gepaukt. Zumindest in Ettringen. Denn dort gab es früher zu wenig Klassenzimmer für die etwa 330 Schüler und vier Lehrer. Nach einer Besichtigung durch den neu eingesetzten Schulrat wurde deshalb ein weiterer Unterrichtsraum im Gasthaus Krone im ersten Stock über dem Kuhstall eingerichtet, der ab Dezember 1948 zur Verfügung stand. Unterricht gab es sogar auf der Galerie der alten Turnhalle. Die Mindelheimer Zeitung berichtete 1951: „Während abends in den Wirtschaftsräumen im Erdgeschoß die Gläser klingen und die Tarockkarten auf den Tisch geknallt werden, lernen die Buben untertags einen Stock höher im ehemaligen Saal der Gaststätte Deutsch, Rechnen, Naturkunde und was sonst noch zum Stoff der 7. und 8. Klasse gehört." Das alte Schulhaus platzte jedenfalls aus allen Nähten. Es wurde um das Jahr 1860 bei der Kirche gebaut, nachdem das vorherige abgebrannt war. Seitdem wuchs das

So fühlte sich Schule früher an: Es gab harte Bänke und eine klare Sitzordnung.

Dorf. Als nach dem Krieg die Kinder der Heimatvertriebenen kamen, wusste sich die Gemeinde nur noch so zu helfen: Sie mietete den Saal der „Krone" für die siebten und achten Klassen. Der damalige Redakteur schaute sich auch vor Ort um und berichtete: „Man steigt eine schmale Treppe hinauf in den ersten Stock und findet dort an der Saaltüre das kleine Schildchen, das auf Ettringens Ausweichschule hinweist. In alten Bänken, für die Buben viel zu klein und ungeeignet, sitzen sie hier: Kinder, die Tag für Tag viele Stunden in einem engen, dämmrigen und dürftig ausgestatteten Raum verbringen müssen. Das Licht fällt so spärlich durch die Fenster, dass im Winter die Beleuchtung mindestens bis vormittags 10 Uhr und schon wieder ab 16 Uhr eingeschaltet werden muss. Ein Vorplatz ist nicht da; an der belebten Bundesstraße müssen die Buben ihre Pausen verbringen. Der stundenlange Aufenthalt in dem lichtarmen Raum tut den Kindern nicht gut. Der Lehrer bestätigt es und man sieht es selbst: Manches Bubengesicht hat nicht die frischen roten Wangen, die man sonst bei unserer Landjugend gewohnt ist."

Auch die alte Schule sei zu klein geworden, hieß es in dem Bericht von 1951. Die erste, zweite, dritte, vierte, fünfte und sechste Klasse müsse zusammengefasst unterrichtet werden. Es sei kein Lehrerzimmer vorhanden. Zwei weitere Klassenzimmer würden schon ausreichen – auch, um eine „siebente Lehrkraft" anzustellen. Die Hilferufe wurden erhöht: Unter dem damaligen Bürgermeister Alois Kornes und Rektor Weinkopf wurde 1953 ein neues Schulhaus mit Schulküche gebaut. Die Baukosten betrugen rund 600 000 Mark. 1968/1969 wurde unter Bürgermeister Alois Hartmann und Rektor Schroller vergrößert. Es entstand die Verbandsschule Ettringen. Doch damit nicht genug: Am 10. Mai 1997 wurde abermals ein neues, modernes Schulgebäude mit Gesamtkosten von sechs Millionen Mark eingeweiht.

Die Episode mit den Siebt- und Achtklässlern, die jeden Tag in die Wirtschaft gingen, ist heute Geschichte. Aber eigentlich könnte die Geschichte in der Gegenwart wieder Schule machen. Denn seit Jahren besteht in vielen Schulen Raumnot. Statt Neubauten kommen günstige Container in den

Wo Schulbuben im Wir... ...nden

Die große Schulraumnot in Ettringen / „... ..., aber am Platz fehlt's"

Ettringen. Am hellichten Tag sieht man in Ettringen 13—14jährige Buben regelmäßig im Wirtshaus verschwinden. Mit Schulranzen, Mappe und Heften gehen sie ins Gasthaus, als seien sie schon längst Stammgäste geworden. Und wenn der Seppl oder der Xaver daheim sagt „Du Vattr, i gäu jetzt zom Wiart",

...tens 100 Kinder drückten die Schulbank. Heute aber sind es 300 Kinder, vom ABC-Schützen bis zum Oberklässler. Seit dem Einströmen der Heimatvertriebenen vollends ist das Schulhaus an allen Ecken und Enden zu klein geworden und die Lehrkräfte mit den Gemeindevätern zerbrechen sich schon mehr

Das Klassenzimmer im Wirtshaus: So wurde 1951 über die Schulraumnot in Ettringen berichtet.

Pausenhof. Gleichzeitig verschwinden immer mehr Wirtschaften in Bayern. Das Wirtshaussterben ist längst ein Politikum. Aber eine erfolgsversprechende Lösung ist noch nicht in Sicht. „Kirche, Schule und Wirtshaus – diese drei Institutionen gehören in jedes bayerische Dorf. Und da sollte es selbstverständlich sein, sich gegenseitig zu unterstützen", meint Frank-Ulrich John vom Bayerischen Hotel- und Gaststättenverband. Eine Wechselbeziehung von Wirtshaus und Schule könnte die unterschiedlichsten Ausprägungen annehmen: Dazu zählen für John auch Initiativen wie „Wirte kochen für Kinder".

KAPITEL 06

DIE FREUDEN
DES LEBENS

Tirol mitten im Unterallgäu

Das Café Zillertal in Wörishofen ist eine Institution. Wie das beliebte Ausflugslokal seinen Namen erhielt.

„Bitte schickt mir jeden Montag die Zeitungen", schrieb Eugen im Juni 1927 auf die Postkarte, die er an seine Familie im pfälzischen Frankenthal adressiert hatte. Die Angehörigen bekamen so einen Eindruck davon, wie schön es im Unterallgäu ist. Vielmehr in Klein-Tirol. Denn die kolorierte Karte zeigte das Café Zillertal im Wörishofer Eichwald. In der „Milch- und Kaffee-Wirtschaft" mit ihrer charakteristischen Fassade baute sich Familie Kraus eine Existenz auf. Es war ein kleine Liebesgeschichte: Leni und Hans Kraus stammten aus Hilgertshausen im Landkreis Dachau, nach der Jugendzeit trafen sie sich in Wörishofen wieder. Sie heirateten nach dem Ersten Weltkrieg und übernahmen das Café vermutlich zwischen 1925 und 1930. Sie bauten es aus und erweiterten es. Woher der Name für das Lokal kam, weiß Enkel

Wer ins „Zillerthal" kam, um dort etwas Sommerfrische zu genießen, machte sich schick: Die Frauen trugen Kleider, die Männer Anzüge. Gegen die Sonne durfte auch ein Schirm nicht fehlen.

Hans Peter Kitzinger. Der Ursprung des Namens geht auf die „Zillerthaler Nachtigallen" mit ihrem Direktor Hans Vohmann zurück. Sie folgten der Einladung von Pfarrer Sebastian Kneipp und brachten alpenländische Klänge nach Wörishofen – ganz zur Freude der Kurgäste aus dem Norden, die für die Musik ins Café kamen. Die Nachtigallen mussten kein Heimweh haben – sie wohnten im Café. Es ist auch heute ein beliebtes Ausflugslokal. Nur die Optik hat sich in all den Jahrzehnten verändert.

Vom Gästehaus zum Freudenhaus

In der Villa Zollhaus wurde in den 1980er-Jahren ein Sexfilm gedreht. Von Champagner, leichten Mädchen und einem Porno-Zimmer.

Kaum ein Gebäude in der Region hat eine ähnlich bewegte Geschichte: Bewegt ist wörtlich zu nehmen, denn in der Villa am Alten Zollhaus war einiges los. Gebaut hatte das Landhaus im Tegernsee-Stil ein Verehrer der um 1900 in Berlin hoch geschätzten Soubrette Fritzi Massary. Sie bezog das Liebesnest um 1920. In den folgenden Jahrzehnten gab es immer wieder neue Pächter mit neuen Ideen, um dem altehrwürdigen Haus Leben einzuhauchen. Bewegung fand auch in vielen Zimmern statt – mehr als die moralische Auffassung damals zuließ.

Als einmal der Getränkelieferant zufällig in die Dreharbeiten zu einem Sexfilm platzte und er lauter Nackedeis sah, die sich frivol vergnügten, wusste es schnell ganz Irsingen. Die Aufnahmen gehörten zu den „heißen Nächten der Josefine Mutzenbacher" – ein einfach gestrickter Streifen, der die Eskapaden des legendären Wiener Freudenmädchens zeigte. Auf das Alte Zollhaus als Set kam ein Produzent namens Brummer. Er war einmal als Gast im Zollhaus und meinte sofort, dass das Gemäuer

Als dunkles Interieur schick war: So sah das Alte Zollhaus in Irsingen früher aus.

Die „erotischen Abenteuer" der Josefine Mutzenbacher wurden zum Teil im Alten Zollhaus gedreht.

ideal für eine Verfilmung der Lebensgeschichte der Josefine Mutzenbacher sei. Drei Tage wurde gedreht. Drei Tage herrschte im Dorf Irsingen Ausnahmezustand. Mitten drin war Ursula Eckerle, die damalige Dame des Hauses. Ihre Lebensgeschichte ist faszinierend.

Sie hatte den Krieg in Berlin überlebt und wurde Zahnärztin, obwohl sie Schauspielerin sein wollte. Dann baute sie eine Klinik auf. Die Irrungen und Wirrungen des Lebens führten schließlich dazu, dass sie in Berlin zu einer Pension mit leichten Mädchen kam. In ihren Memoiren schrieb sie: „Heute empfinde ich es als ungeheuerlich, worauf ich mich da einlassen wollte und eingelassen habe. Ich war einverstanden, und so nahm ich unbewusst Abschied vom bürgerlichen Leben." Sie wurde zur Königin der Bar, der Champagner floss in Strömen. Jede Nacht wurde zu einer Party. Das rauschende Leben hatte jedoch einen Haken: Das Nachtleben war nicht familienkompatibel. Als Ursula

Eckerle in der Zeitung die Annonce vom zum Verkauf stehenden „Hotel im Allgäu" las, kam ihr das vor wie ein Wink des Schicksals. Ursula Eckerle kaufte zunächst das Hotel Lisl für eine Million Mark. Wieder ging eine Beziehung in die Brüche. Doch dann lernte sie ihren vierten Ehemann kennen – Dieter Eckerle, der Sohn der Zollhaus-Gastronomen. Er war gerade aus den USA zurückgekommen. Dort hatte er Liz Taylor und John Wayne und andere Filmgrößen bekocht.

Auch ein Notar aus der Region war Gast im Club

Doch statt im Unterallgäu Wurzeln zu schlagen, ging er mit Ursula wieder nach Berlin. Das Hotel Lisl wurde verpachtet. Die beiden blieben in der Branche und übernahmen ein Etablissement, das eine frühere Kollegin angeboten hatte – eine „Domina-Werkstatt". In den Memoiren heißt es: „Ich war oft fassungslos, was für gutaussehende, intelligente Männer zum Teil solch abartige Wünsche haben könnten." Damit war Schluss, als sich das Schicksal wieder wendete: Dieter Eckerles Mutter wollte das Zollhaus verkaufen. Der Sohn

Der Paragraf 180 a

Er geht ursprünglich auf die so genannte Kuppelei zurück. Sie wurde meistens als Förderung von vorehelichem Geschlechtsverkehr (Unzucht) verstanden und war seit dem Kaiserreich verboten. Bedeutung hatte der Kuppelei-Paragraph in Deutschland bis 1973 – demnach machten sich nach damaliger Rechtsprechung Eltern schuldig, die ihren Kindern den Kontakt mit ihren möglichen Sexualpartnern im elterlichen Haus erlaubten oder durch Vernachlässigung der Aufsichtspflicht zuließen. Die gesellschaftliche Moral führte dann zu einer Strafrechtsreform.

Eine Sehenswürdigkeit: So wurde in den 1950er-Jahren für Kurgäste die „Villa am Zollhaus" beworben.

und seine zehn Jahre ältere Lebensgefährtin schlugen zu. Das Haus mit Feinschmecker-Auszeichnungen hatte allerdings einen Investitionsstau. Und „es war prädestiniert für einen Nachtclub", so Eckerle, die ihre Vergangenheit wieder einholte. So wurde aus dem altehrwürdigen Haus an der Salzstraße von Rom nach Augsburg ein Club, der schnell viele Fans fand. In Dreier-Reihen seien die Gäste an der Bar gestanden. Sechs hübsche Frauen waren mit Bedienen und Animieren beschäftigt, so Eckerle. Auch die Prominenz kam. Darunter sei auch ein Notar aus der Region gewesen. Der sei der Dame des Hauses einmal vor die Knie gefallen und bat darum, gedemütigt und geschlagen zu werden. Eckerle tat ihm den Gefallen. Was tatsächlich in der Villa vor sich ging, brachte 1989 eine Gerichtsverhandlung ans Licht. In dem Betrieb seien auch leichte Mädchen angeboten worden, mit denen sich Gäste laut Zeitungsbericht in ein „Porno-Zimmer" zurückziehen konnten. Wem das nicht gereicht hätte, so ist in einem Bericht zu lesen, der konnte sich in eines der Zimmer im oberen Stockwerk zurückziehen. Verlangt worden seien 200

Mark für eine halbe Stunde. Das Geld hätten sich die Prostituierten und die Wirte geteilt. Im Porno-Zimmer hätte die Flasche Sekt 100 Mark gekostet. Vor dem Amtsgericht in Memmingen musste sich das Gastronomen-Paar wegen Förderung beziehungsweise Beihilfe zur Förderung der Prostitution verantworten. Vertreten wurde es vom Münchner Staranwalt Rolf Bossi. Er sprach anfangs von einem „Racheakt" einer ehemaligen Mitarbeiterin. Auf sie seien die Anschuldigungen zurückzuführen. Während der Hauptverhandlung erklärte Bossi dann: Die Erträge der Gaststätte hätten sich immer mehr in den roten Zahlen bewegt, weshalb das Speiselokal in einen Animierbetrieb umgewandelt worden sei. Das alles aber nicht im großen Stil. Das Etablissement sei eher bescheiden und in aller Ruhe geführt worden. Am Ende gab es eine fünfmonatige Bewährungsstrafe und eine Geldstrafe von 4000 Mark.

Nach mehreren Schicksalsschlägen entschieden sich die Eckerles, den Club abzugeben. Sie verpachteten die Villa am Zollhaus und zogen wieder nach Berlin. Nach Problemen mit dem neuen Pächter ging die Reise wieder zurück nach Schwaben. Der Rückzug vom Rückzug: Die Eckerles eröffneten den Club wieder. In den 1990er-Jahren sollen in dem Gründerzeithaus Showgrößen, Industriebosse und Botschafter regelmäßig zu Gast gewesen sein. Das berichtete die Mindelheimer Zeitung.

Das Nachtleben hatte einen eigenen Rhythmus. Dem konnten die Eckerles nach 14 Jahren nicht mehr folgen: Sie wollten die Villa endgültig los werden. Sie verkauften. Doch dann ereilte sie ein neuer Schicksalsschlag: Dieter Eckerle starb 1992 überraschend auf Teneriffa. Ursula Eckerle zog in ihren

autobiografischen Erinnerungen, die den Titel „Ein Leben auf der Überholspur" tragen, eine ungewöhnliche Bilanz: „Das Leben ist schön, wenn man nur den Mut hat, es anzupacken und vor allen Dingen offen für die Liebe ist."

Nach den Eckerles war das Zollhaus unter anderem ein Gästehaus der Ettringer Firma Lang. 2004 brachte ein Sterne- und Fernsehkoch gutbürgerliche Küche mit. Er hatte große Pläne, wollte sogar eine eigene Rinderzucht betreiben. Doch daraus wurde nichts. Ihm gelang es nicht, Fuß zu fassen.

Auch in Mindelheim soll es übrigens ein Rotlicht-Etablissement gegeben haben. In einer Kellerbar wurden laut einem Bericht in der Unterallgäu Rundschau nicht nur „scharfe Getränke", sondern auch „leichte Mädchen" angeboten. Sie zogen sich mit ihren Kunden angeblich in Separées zurück. Der „Sex-Club" flog auf, als sich ein Animiermädchen mit einem Polizisten zurückziehen wollte.

In einer Mindelheimer Kellerbar gab es im Jahr 1985 nicht nur ein kühles Helles, sondern auch leichte Mädchen.

Einfach mal abhängen

Ein Bad im Freien war immer mit Gefahren verbunden. Auch auf die Sittlichkeit wurde genau geachtet. Eine eigene Badeordnung sollte das nasse Vergnügen 1856 in Türkheim regeln.

Einfach mal abhängen: Das Gefühl, im langsam fließenden Wasser zu treiben, genossen die Türkheimer 1924 am Fabrikkanal. Bereits 1902 und 1908 wurden dort Steigleitern angebracht und eine Badehütte gebaut. Gefährlich blieb die kleine Freude, sich an heißen Tagen etwas abkühlen zu können, trotzdem: Das beweist die große Zahl der Unglücke. Alois Epple und Ludwig Seitz haben in ihren Türkheimer Heimatblättern einige Badeunfälle festgehalten.

1931 ertrank am unteren Wehr der 18-jährige Käserlehrling Georg Lenzenhuber aus Oberrammingen. Ein Jahr später wäre Franziska Satzger beinahe an der gleichen Stelle ertrunken, da sie „unkundig im Schwimmen" war. Am 21. Dezember 1938 rettete der kauf-

Am Fabrikkanal in Türkheim konnte 1924 jeder abhängen – sich im Wasser treiben lassen und eine Abkühlung in der Sommerhitze finden.

männische Angestellte Josef Wachter einen Ertrinkenden aus der Wertach. 1941 ging ein Pole beim Baden in der Wertach in der Nähe des Zollhauses unter. Das größte Drama ereignete sich im Juli 1944: „in nächster Nähe der Wertachbrücke ertranken zwei Kinder der Familie Meichelböck in der Wertach. Der fünfjährige Helmut wollte an der sogenannten Schwemme ein Brett aus dem Wasser holen, das am Ufer entlang trieb. Er wurde dabei von den Fluten mitgerissen. Sein achtjähriger Bruder Erwin wollte ihm zu Hilfe kommen und ertrank ebenfalls."

Damit es beim Baden in Türkheim gesittet zuging, hatte die Gemeinde 1856 eine Badeordnung erlassen. Sie gibt eine Vorstellung von der damaligen Gesellschaft und der herrschenden Moral. Frauen und Männer durften keinesfalls gemeinsam ins Wasser steigen. So wurde der Badebetrieb geregelt:

1. Das Baden beider Geschlechter an ein und demselben Badeplatz, ist bei schwerer Strafe verbothen.

2. Ist auch das Baden bei, und in der Nähe der Brücke, sowie an öffentlichen Wegen und Wohngegenden bei Strafe untersagt.

3. Als Badeplätze sind angewiesen: für die männliche Schuljugend: Die Wertach, und zwar ab der Brücke bei den Eulentheilen, dann der Mühlbach bei dem großen Birnbaum ab der Mühle; für das erwachsene männliche Geschlecht: Die Wertach ab der Brücke vom Deicheplatz bis zur untern Steilfalle des Langwaidbaches, dann der Mühlbach im obern Gries; für die weibliche Schuljugend: Die Wertach unter der Brücke, bei Hiemers Holztheil, oder unter den Schelmengriesstauden; für das erwachsene weibliche Geschlecht: Ebenfalls die Wertach unter der Brücke, bei den unteren Holztheilen.

4. Zur Schuljugend werden Kinder bis zu 15 Jahren gerechnet.

5. Werktagsschulpflichtige dürfen Abends nach 7 Uhr nicht mehr auf den Badeplätzen getroffen werden.

6. Anderswo als an den oben bezeichneten Plätzen zu baden, bleibt strengstens untersagt.

7. Haben sich die Badenden mit anständiger Badekleidung zu versehen.

Gestrickte Bademode war früher in Mode. Heute wird bei Textilien auf UV-Schutz geachtet.

Foto: Yva-Berlin

Starke Männer lassen ihre Muskeln spielen

Körperkult und Unterhaltung führen in Mindelheim zu einem ungewöhnlichen Schlagabtausch.

Ganz ehrlich: Wer muss nicht schmunzeln beim Anblick der Männer in den flatternden Unterhosen? Sie protzten um 1900 mit ihren Muskeln und lagen dabei voll im Trend: Körperertüchtigung war in Mode gekommen. Es entstand ein Bewusstsein für den eigenen Körper, der trainiert sein wollte. Dieser Kult führte in den Jahren darauf zur Gründung von vielen Turn- und Sportvereinen.

Athletik in Vollendung mit hohem Unterhaltungswert gab es 1929 in Mindelheim: Im Zirkus Berg, der in der Stadt gastierte, boxte ein Josef Dirnberger gegen einen „Neger". Der Kraftprotz mit dunkler Hautfarbe hieß Harrrison. Seine fliegenden Fäuste gehörten zum Programm des Wanderzirkus'. Sechs Runden zu je zwei Minuten wurde gekämpft. Bald stellte sich heraus: Harrison war dem Mindelheimer Dirnberger technisch überlegen. Am Ende war es ein Sieg nach Punkten, trotz einer gravierenden Einschränkung, wie die Mindelheimer Neuesten Nachrichten am 18. September berichteten: „Eine einwandfreie Bewertung für viele Teile ist nicht möglich, da die Bodenverhältnisse die denkbar primitivsten waren und dann hat jedenfalls der Neger, wie deutlich zu ersehen war, auch ein gutes Training, während Herr Dirnberger seit einigen Jahren nicht mehr mit ernstlichen

Mindelheim.

* Mindelheim, 17. Sept. (Boxkampf zwischen einem Mindelheimer und einem Neger.) Der für gestern abends im Zirkus Berg angesetzte Boxkampf zwischen Herrn Josef Dirnberger von hier und dem Neger Harrison hatte eine ziemliche Zahl Sportsfreunde in den Zirkus gelockt, in dem erst das Programm abgewickelt wurde, das ganz gut unterhielt. Mit Spannung folgte dann das Publikum dem Boxkampf zwischen Weiß und Schwarz. Es wurden 6 Runden zu je 2 Minuten mit 90 Sekunden Pause zwischen jeder Runde ausgetragen. Während am Sonntag abends die gleichen Gegner sich ebenbürtig zeigten, sodaß der Kampf unentschieden endete, war gestern abends der Neger Harrison dem Mindelheimer Herrn Dirnberger überlegen, sodaß der Kampf in der Punktzahl zugunsten des Negers

Vor großer Kulisse wurde 1929 im Zirkus geboxt: „Ein „Neger" setzte einem Mindelheimer bei einem Schaukampf zu.

Gegnern geboxt hat." Um etwas Spannung für das Publikum aufzubauen, ließ Harrison seinem Gegner übrigens anfangs noch Luft. Doch dann ging der Profi aus der Deckung und gab den Ton im Ring an. 37:32 lautete das Ergebnis, das die Punktrichter Mayer und Rabl anzeigten. Der Zirkus-Boxer muss es gut gemeint haben mit Josef Dirnberger, denn der konnte nach dem Schlagabtausch noch an einer Art Ehrenrunde teilnehmen. Harrison demonstrierte laut Zeitung „einige Finessen, die auch den Laien interessieren konnten".

Der Lendenschurz, der an einen übergroßen Tanga erinnert, war um 1900 ein beliebtes Kleidungsstück. Schon die Römer kannten das Tuch, das zwischen den Beinen nach vorne und hinten hochgezogen wurde und deutlich mehr bedeckte als das Feigenblatt von Adam und Eva.

Ob der Lendenschurz auch dem Wasserstrahl bei der Kneippkur standhielt? Auf einer Karte hielt ein Wörishofer Kurgast fest: „Da machst was mit."

Im langen Kleid und mit Schlapphut

In Wörishofen jagte eine illustre Gesellschaft der Filzkugel hinterher. Für das Tennisclub-Gebäude gab es schon einmal andere Pläne.

Er ist einer der ältesten Tennisclubs in Deutschland: 1895 wurde der Internationale Klub Wörishofen gegründet, der dank der Kurgäste großen Zulauf hatte. Die Anregung dazu brachte offenbar Fürst Lubecki, der auf Kur weilte. Aus Zement wurde ein Boden für den „Lawn-Tennisplatz" hergestellt, dazu gab es die „feinsten englischen Spielgeräte", wie Alfred Baumgarten in seiner Kneipp-Biografie die Anlage beschrieb. Einer konnte mit dem Freiluftsport rund um die Filzkugel offenbar nichts anfangen: Der Pfarrer und Kaplan Ludwig Gebhart. Er stellte nämlich im Herbst 1918 zweimal einen Antrag an die Gemeinde, um das Tennisclubgebäude zu kaufen. Dort wollte er die Jugendpflege unterbringen. Der Antrag des Geistlichen wurde allerdings einstimmig ablent, berichtete die Wörishofer Rundschau am 5. Ok-

tober 1918. Denn: Das Gebäude habe schon immer dem Fremdenverkehr gedient. Das sollte auch so bleiben – eine Entscheidung mit Weitblick. Und eine Entscheidung für die Kur.
Deren Entwicklung war in den letzten Monaten des Ersten Weltkriegs eher ungewiss. Statt mit Wechselbädern den Kreislauf in Schwung zu bringen, wurden Kurgäste aufgerufen, Brennnesseln zu sammeln. Geschnitten und bündelweise sollte jeder – ausdrücklich Herren, Frauen und Kinder – die

Pflanzen in der Knabenschule bei Hauptlehrer Drexel abgeben.
Die Fasern der Brennnesseln wurden für das Gewebe von Wäsche und Kleidung verwendet. In der Zeitung wurde erklärt: „Es ist vaterländische Pflicht für Jedermann, Brennnesseln abzuliefern und jeder Kurgast hat Zeit und Gelegenheit dazu." Damals gab es sogar eine eigene Bayerische Nesselstelle, die in München eingerichtet worden war.
Das Sammeln konnte sich lohnen: Für 100 Kilogramm getrocknete, entblätterte Nesselstängel wurden im Juli 1918 exakt 28 Mark ausbezahlt. Für 100 Kilogramm Blätter als hochwertiges Futtermittel gab es 30 Mark. Wörtlich hieß es in der Wörishofer Rundschau: „Besonders die Jugend wird mit Unterstützung der Lehrerschaft zu einem glänzenden Sammelergebnis wesentlich beitragen können; sie wird auch diesmal nicht versagen, wo es sich um die Bekämpfung der größten Sorge nach jeder um die Ernährung, nämlich der um die Bekleidung, handelt. Die Lage ist ernst; darum zaudre keiner, sondern helfe mit!"

Die Sportkleidung ....

Lange Kleider, Röcke und Schlapphüte mit breiter Krempe waren en vogue auf dem Tenniscourt. Heute tragen Profispieler funktionale Kleidung.

Der Rasen

Um Krocket oder (französisch und englisch) Croquet spielen zu können, musste der Rasen gepflegt sein. Die Kurgäste verbrachten viel Zeit mit Gesellschaftsspielen im Freien. Das dürfte Pfarrer Sebastian Kneipp gefallen haben. Denn er plädierte für leichte Bewegung und Sport.

Der auffallende Jugendstil-Bau entstand 1901 am Kurpark von Wörishofen. Zuvor wurde auf zwei Rasenplätzen beim Kurhaus von Wörishofen gespielt.

Das wär's gewesen: ein Bad Mindelheim

Als Gäste zur Sommerfrische ins Mayenbad unterhalb der Mindelburg kamen. Dort sprudelte Mineralwasser. Es sollte bei verschiedenen Beschwerden helfen.

Der Postkartengruß aus Mindelheim galt Fräulein Adelheid Scheufele aus Wengen im Allgäu. Um möglichst viel Information auf der kleinen Karte unterzubringen, wurde in kleiner Schrift rings um die Mindelheimer Stadtansicht geschrieben. Zum Entziffern ist ein Scharfblick gefragt – oder eine Lupe. Mit der lässt sich dann auch das Ortsbild von 1898 erkennen. Sofort ins Auge sticht das Kurhaus Mayenbad. Das Gebäude mit seiner markanten Dachform geht zurück auf die Mineralquelle, die schon früh bekannt war.

Im topographisch-statistischem Lexikon vom Königreich Bayern von 1832, das Domkapitular Dr. Joseph Anton Eisenmann verfasst hatte, wurden die Stadt und ihre Bewohner so beschrieben: In Mindelheim wohnten nach der Aufstellung 580 Familien, es gab 380 Häuser, ein Landgericht, ein Rent- und Forstamt, eine Postexpedition, eine Salzfaktorie, drei Kirchen, ein Schloss auf dem Georgenberge und eine Mineralquelle. Diese quoll aus dem Katharinenberge und wirkte „besonders heilsam bei Lähmungen, atritischen und rheumatischen und anderen Übeln". Im „Handbuch der speciellen Klimatotheraphie und Balneotherapie" von 1889, das Ärzte verwendeten, wurde das Mayenbad als „bayrische Sommerfrische mit Badeanstalt" beschrieben.

Luxuriös für die damalige Zeit: So waren die Zimmer im Mayenbad um 1910 ausgestattet.

Mindelheim mit damals 3500 Einwohnern verfügte über vier Ärzte, zwei Apotheken und „einer billigen Unterkunft im Bade". Mancher sah Mindelheim ob der Möglichkeiten, die ein florierendes Kurwesen bieten könnte, schon als „Bad Mindelheim". Zurück zum Mayenbad: Der Apotheker Adolf Boneberger besaß es über vier Jahrzehnte. So warb er dafür:

„Schönste, waldreiche Lage in der Umgebung von Wörishofen, wodurch direkter persönlicher Verkehr mit Hochwürden Herrn Pfarrer Kneipp derselbst möglich ist. Die ärztliche Leitung führt Dr. Tacke, erster Kneipp'scher Kurarzt in Wörishofen. Gute Verpflegung, vorzügliche kurgemäße Kneipp'sche Küche. Mäßige Preise."

1919 verkaufte Apotheker Boneberger das Mayenbad an die Augsburger Diakonissenanstalt. Die evangelischen Schwestern machten daraus ein Kurheim für Nervenleidende. 1960 entstand auf dem Gelände ein Altersruhesitz für die Diakonissinnen. Heute erinnert der Obere und Untere Mayenbadweg an das besondere Kapitel der Stadtgeschichte.

Der Gruß aus dem Mindelheimer Mayenbad stammt aus dem Jahr 1901.

Die Photographie lebt

Der Memminger Malermeister Franz Wassermann brachte eines der ersten Kinos in die Region. Warum ein Pfarrer gegen die Filme wetterte.

Gepolsterte Stühle mit ausklappbarer Fußlehne, 3D-Projektion und Rundum-Sound: Darauf mussten die Gäste im Zentral-Theater Mindelheim im Jahr 1911 verzichten. Für sie gab es im ersten Mindelheimer Kino nur einfache Holzbänke, die schon beim Anblick Rückenschmerzen verursachten. Doch bequeme Sitzgelegenheiten standen für die ersten Gäste, die das Theater in der Frundsbergstraße an der Abzweigung Georgenstraße besuchten, nicht im Vordergrund. Sie wollten das neue Medium, das die Photographie lebendig machte, kennenlernen. Die bewegten Bilder faszinierten die Massen, obwohl es sich zunächst nur um eine banale Ablichtung von wiederkehrenden Geschehnissen aus dem Alltag handelte. Filme mit einer gewissen Dramaturgie wurden erst später produziert. Auch der Ton fehlte – für den sorgte anfangs der Zitherspieler Eschenlohr. Bis das Zentraltheater zu einer festen Einrichtung wurde, gab es nur wandernde Geschäftsleute, die zum Beispiel mit einem „Salon-Elektro-Biograph" Zelte und Säle von Wirtschaften füllten. In der Zeitung wurde mit technischen Sensationen geworben. Von „lebenden Bildern in höchster Vollendung" war die Rede. Mit den Bildern sollten einfache menschliche Sehnsüchte bedient werden: Mit „Szenen und Episoden aus allen Ländern der Welt" brachte der „Salon-Elektro-Biograph" zum Beispiel die Exotik fremder Länder ins Unterallgäu. Für 70, 50 oder 30 Pfennig, je nach Platz, konnte jeder eine Reise in die Ferne unternehmen. Für Kinder und Schüler gab es eigene Nachmittagsvorstellungen. In Wörishofen wurde geworben: „Das Wunder des 19. Jahrhunderts. Die lebende Photographie, dargestellt durch den Kinematograph. Hunderte von Personen erscheinen im Rahmen des lebenden Bildes und bewegen sich wie

Ein echter Kassenschlager im Central-Theater von Franz Wassermann: „Der Mann ohne Gewissen".

Kino in Ottobeuren

In Ottobeuren ist das erste Kino fest mit dem Namen Georg Braun verbunden. Er führte von 1916 bis 1920 in verschiedenen Sälen Filme vor. 1921 eröffnete er das erste eigens dafür gebaute Kinogebäude, die „Lichtspiele Ottobeuren". Im Memminger Volksblatt wurde berichtet: „Georg Braun hat in seinem Garten einen größeren Saal gebaut. Derselbe bietet für ungefähr 250 Personen angenehme Sitzgelegenheit. Es ist zu begrüßen, daß Herr Braun sich dieser großen Mühe und Kosten unterzog, da wir aus den vorhergegangenen Vorstellungen die Gewißheit haben, daß uns in jeder Hinsicht nur gute und gediegene Filmstücke geboten werden."

lebende Menschen, Straßenscenen, Festzüge, Eisenbahnen, Schwimmbad, Indische Tänze – alles wie lebend. Man muss das sehen, um zu glauben."
Das Kino nach Mindelheim gebracht hat Franz Sales Wassermann. Der Sohn von Franz Wassermann und Coletta Raffler wurde 1873 in Fellheim geboren und war zunächst wie sein Vater Malermeister in Memmingen. Ab Juli 1911 betrieb er mit Johann Welte das Kino National in der Brauerei und Gastwirtschaft Bauerntanz in Memmingen. Dann ging Wassermann auf Expansionskurs. Er kaufte nach Recherchen von Elisabeth Plößl das seit 1910 existierende Kinounternehmen Central-Theater auf.
Auch in Krumbach wollte Wassermann landen. Doch der Stadtmagistrat war davon nicht angetan – er suchte sogar nach gesetzlichen Handhaben, um dem Geschäftsmann

Spartanische Sitzgelegenheiten: Über 170 Plätze auf Holzbänken hatte der erste Kinosaal in Mindelheim. Für den Monumentalfilm „Quo Vadis" wurde 1913 der größere Stadtsaal gemietet. Zwei Vorführungen waren ausverkauft.

Steine in den Weg zu legen. Doch daraus wurde nichts. Mit dem Bayerischen Löwen hatte Wassermann in Krumbach-Hürben einen zentral gelegenen Standort gefunden. Er ließ den Saal der Gastwirtschaft umbauen und bezog Strom vom Krumbacher Elektrizitätswerk. Zur Premiere mit dem „Welt-Kinematographen" wählte er ein „Großes vaterländisches Gemälde", den „Film von Königin Luise in 3 Abteilungen". In der Eröffnungsvorstellung am 13. Juli 1913 erlebten die Krumbacher die „erste", am Sonntag darauf die „zweite Abteilung Aus Preußens schwerer Zeit". In

In Zeitungsinseraten machten die Kinobetreiber auf ihr Programm aufmerksam. Eltern konnten erfahren, wie sie ihre Kinder vor „Mädchenhändlern" schützen.

Rudolf Huber (rechts) lebt die Tradition der Filmvorführung in Bad Wörishofen und Türkheim bis heute fort.

den Genuss des dritten und letzten Teil dieses Programms, betitelt „Die Königin der Schmerzen", kam das Publikum bei der Sonntagabendvorstellung am 27. Juli 1913 allerdings nicht mehr. Die Zuschauer flohen nämlich in Panik aus dem Kinosaal, nachdem ein Filmstreifen im Vorführapparat Feuer gefangen hatte. Ausschlaggebend für das eher abrupte Ende seines Krumbacher Kinounternehmens war dann wohl der Ausbruch des Ersten Weltkrieges. Die Geschichte wird ausführlich in der Schriftenreihe der Museen des Bezirks Schwaben beschrieben.

Auch in Mindelheim hatten Wassermann und sein Geschäftspartner Weltle Startschwierigkeiten: Die Stadt wollten die Pläne für das „Kinematographische Theater" mit seinen knapp 200 Plätzen im Stadel der Firma Haggenmüller nicht gefallen. Wie in Krumbach gab es Sicherheitsbedenken – vor allem aber wegen des sittlichen Empfindens.

Das Ehepaar Jacobs, die nach den Recherchen von Berndt Michael Linker kurzzeitig Nachfolger von Wassermann war, zeigte nicht zugelassene Filme. Das hieß: Sie hatten nicht wie gefordert eine „Zulassungsbescheinigung" bei der Stadt eingeholt. Die Ortspolizei musste überprüfen, ob der jeweilige Film und die entsprechende Prüfungskarte übereinstimmten. Das bedeutete vor jeder Vorführung einen gewissen Aufwand. Auch der

In der Wörishofer „Krone"
wurde nicht nur gegessen
und getrunken. Im Saal wurde auch die „Die lebende
Photographie" gezeigt. 1887
gab es dort das „Wunder des
19. Jahrhunderts" zu sehen.

Pfarrer machte Ärger. Der Geistliche Rat Schuster soll zu den Pfarrkindern gesagt haben, dass sie sparen und nicht „ihre letzten Pfennige ins Kino tragen" sollten. Das ärgerte die Frau von Franz Wassermann – sie schrieb deshalb 1915 einen Brief an die Polizeidirektion München und beklagte sich.

Noch im Krieg übernahm Maria Frieß das Zentral-Theater. Unternehmer Franz Sales Wassermann starb 1944 in Memmingen. Das Kino in Mindelheim überlebte. Weitere Eigentümer führten es fort. 2011 stiegen Daniela und Marcel Höger mit viel Enthusiasmus ein. Ende 2014 war auch für sie Schluss – mit dem Ende des Filmtheaters in der Bahnhofstraße ging ein Stück Mindelheimer Geschichte endgültig verloren.

Bier nur „für die Stunde der Erholung"

Über den richtigen Konsum zerbrachen sich Experten vor 100 Jahren den Kopf. Andere schwadronierten lieber am Stammtisch.

Er ist so etwas wie ein Reservat der Gedanken: Bei einem Bier kann jeder am Stammtisch seinen Gedanken freien Lauf lassen, politisieren oder in philosophische Ansichten abschweifen. Mal lauter, mal leiser: In der geselligen Runde ist alles erlaubt, auch kräftige Worte über die Obrigkeit. Aber Achtung: Stammtischparolen verbreiten sich allzu schnell. Dann lieber bei der Wahrheit bleiben, die bei fortschreitendem Alkoholgenuss tief im Glas liegt. Wie viel Alkohol verträglich ist, erklärten 1913 die Mindelheimer Neuesten Nachrichten. Sie zitierten den Chefarzt der Abteilung für innere Krankheiten am Marien-Hospital in Düsseldorf, Dr. Engelen. Der war in der „Aerztlichen Rundschau" zum Ergebnis gekommen, dass „man für das reife Mannesalter den regelmäßigen Genuß von ca. einem bis eineinhalb und bis zu zwei Litern Bier oder von einer Flasche Wein als unschädlich bezeichnen könnte". Eine Einschränkung gab es dabei: „Aber nur für die Stunde der Erholung ist dieses Genussmittel zuträglich und wohltätig; niemals während der Arbeitszeit." Die entsprechende Regel: „Erst mach dein Sach, dann trink und lach." Im Unklaren gelassen wurden die Leser allerdings, in welchen Zeitraum die beschriebenen Alkoholmengen „zuträglich und wohltätig" sind. Etwas genauer waren die zehn Regeln für Biertrinker, die 1848 in den „Bayerischen Annalen" veröffentlicht wurden.

1. Man hüte sich vor Bier, welches, ohne seine Gärung vollendet zu haben, in Flaschen abgezogen wird; denn es verursacht Blähungen und nicht selten gefährliche Kolik.

2. Bier, welches heiß gegoren hat, wird zwar sehr fein, klar und stark, und

Der Stammtisch für Fischer, Jäger und andere Lügner: Heutzutage gibt es das Reservat der freien Gedanken nur noch in wenigen Wirtschaften.

behält den Schaum länger im Becher; allein es verursacht Sodbrennen und Kopfschmerzen.

3. Kaltgegohrenes Bier wird nie recht klar, weil die Gährung nicht vollständig vor sich geht. In warmen Zimmern beginnt es zu gähren und stößt Luftblasen aus. Es verursacht weniger Kopfweh als das erste; aber die noch zurückgebliebenen Hefen schaden dem Magen.

4. Laugegohrenes Bier ist (bei hinreichendem Gehalte an Malz und Hopfe) das beste und gesündeste.

5. Personen, welche an Podagra und Stein leiden, haben sich vorzüglich vor nicht ausgegohrenem Biere zu hüten.

6. Sehr bitteres Bier trocknet den Körper aus, macht ihn mager und gibt die erste Ursache zu Wassersucht.

7. Zu starkes Bier macht fett, und verursacht am Ende schweren Athem.

Den „Löschzug" vom Storchenbräu zogen Kaltblüter von Familie Waltenberger aus Rammingen. Auf dem Festwagen von 1952 saß der vierjährige Hans Roth (mit Filzhut).

8. Fette Personen, oder solche, welche an Skorbute leiden, sollen nicht viel, noch weniger starkes Bier trinken.

9. Wer schwere Arbeiten verrichtet, mag starkes Bier trinken, jedoch nicht nach, sondern während der Arbeit.

10. Man trinke lieber öfters in kleinen Zwischenräumen weniger, als durch einen gewaltigen Zug eine bedeutende Quantität auf einmal und höre namentlich zu dem Zeitpunkte das Trinken auf, wenn man keinen Durst mehr fühlt.

KAPITEL 07

MENSCHEN, TIERE, SENSATIONEN

Wegen eines Häusles aus dem Häuschen

Der spätere Klatschreporter Michael Graeter begann in Mindelheim seine Karriere und wirbelte dort durch die Stadtpolitik. Das Vorbild für Baby Schimmerlos in der TV-Kultserie Kir Royal ging auch auf Hexenjagd.

Mühlen waren schon immer besondere Orte. Schon allein wegen ihrer Lage am Wasser. Früher haftete ihnen auch etwas Unheimliches an. Das mochte an den Geräuschen liegen, die das Mahlwerk, die Konstruktion aus Holz, erzeugte. Auch die Arbeitsweise der Müller war für viele Menschen ungewohnt. Denn sie mussten sich nach dem Wasser richten. Deshalb brannte oft auch nachts das Licht, wenn alles schlief. Manchmal sahen die Menschen bei schummriger Beleuchtung eigentümliche Schatten, die dann in der Kombination mit unheimliche Geräusche zu Geistern, Kobolden und anderen Wesen wurden. Ihnen auf die Spur ging 1963 Michael Graeter. Der frühere Redakteur der Mindelheimer Zeitung und spätere Klatschreporter berichtete in einer Reportage für die Münchner Abendzeitung über Zaubermittel gegen Hexen: Unter anderem würden Kuhfladen auf der Fenster-

Michael Greater begann nach einer Ausbildung bei der Schwäbischen Landeszeitung in Augsburg, der heutigen Augsburger Allgemeinen, bei der Mindelheimer Zeitung.

bank helfen.
Graeter, dessen Karriere die Vorlage für die Fernsehfigur Baby Schimmerlos in „Kir Royal" sein sollte, übernachtete in Oberegg und erlebte dort angeblich Unglaubliches. Im Gasthaus zum Engel hätten einige Bewohner abends noch über das jüngste Fußballspiel schwadroniert.

Hexenbeschwörer aus Türkheim

Doch dann kam das Thema angeblich auf Teufel und Hexen. Klatschreporter Graeter hatte die Geschichte freilich etwas ausgeschmückt, um sie für ein großes Publikum spannender zu machen. Er interviewte eine Bäuerin, die von anderen Dorfbewohnern erzählte, die die „Schwarze Kunst" beherrschen. Von Krankheiten, die „angehext" wurden, oder von heilendem Dreikönigswasser und Kreuzen unterm Bett. Graeter war in seinem Element: Er schrieb von einem Hexenbeschwörer aus Türkheim und Leiden, die sich auf böse Mächte zurückführen ließen. Von einer Frau ohne Namen war die Rede, die „durch Gegensprüche üble Geister bannt". In Mindelheim machte er sich außerdem auf die Spur eines Spenglermeisters, der ständig eine Spritze mit Weihwasser mit sich führte – um gegen die vielen Hexen gefeit zu sein. Eine Nachbarin des eigentümlichen Manns könne außerdem aus der Hand lesen und abbeten. Sie habe Kundschaft bis aus Berlin. Graeter zählte auch drei „Rezepte" auf: Geweihtes Salz zwischen zwei Scheiben Brot einer Kuh zum Fressen gegeben breche den Hexenbann. Wer Pfeffer durch ein Schlüsselloch bläst, verwehrt Hexen den Durchschlupf. Und: Man lege einen frischen Kuhfladen auf die Fensterbank, rühre darin mit einem Stock herum, dann sei plötzlich das Gesicht des Menschen zu erkennen, der für das Verenden des Viehs verantwortlich ist. Woher Graeter die „Rezepte" hatte, erfuhren die Leser nicht.

Unvergessen ist in Mindelheim Graeters Klohäusl-Affäre. Auf dem heutigen Theaterplatz ließ der damalige Redakteur der Mindelheimer Zeitung von einer Baufirma zwei Stille Örtchen mit ausgeschnittenem Herz aufstellen. An der Stelle sollte eine zentrale Bushaltestelle mit Toilette und Wartehäuschen gebaut werden. Das Projekt war seit fünf Jahren geplant, aber

Zwei Klohäusl – für Damen und Herren – hatte Michael Greater von einer Baufirma aufstellen lassen. Er sammelte Spenden für ein unvollendetes Projekt der Stadt. Am Ende kamen sechs Mark und 40 Pfennige zusammen. Ob damals jemand das Häuschen benutzte, ist nicht bekannt.

nicht umgesetzt worden. Darauf wollte Greater aufmerksam machen. Entsprechend hieß es auf einem Plakat: „Das dringende Kommunal-Bedürfnis von Mindelheim. Seit sieben Jahren geplant, aber nie verwirklicht. Rettet das Projekt." Graeter setzte sich zwischen die beiden Klohäusl und sammelte Spenden. Der damalige Bürgermeister Krach schäumte vor Wut: Er ließ die Örtchen abtransportieren. Vorher hatten viele Medien über die Aktion berichtet.

Für Aufsehen sorgten auch Graeters Bilder von der persischen Ex-Kaiserin Soraya. Eine bildhübsche Märchenprinzessin. Graeter hatte von ihrem geheimen Kuraufenthalt in Wörishofen erfahren und mischte sich dann unter das Team des Kurbads. So gelangen ihm ganz ungestört Aufnahmen, die sich dann an viele Zeitungen verkaufen ließen. Vom verdienten Geld kaufte er sich ein weißes VW-Cabrio.

Von der Abendzeitung in München ging Graeter zur Bildzeitung und schließlich zur Bunten. Heute betreibt der schil-lernde Boulevardjournalist, der im Buch „Extrablatt" seine Karriere festgehalten hat, eine Homepage mit Münchner Promiklatsch. Schwäbische Originale, denen besondere Kräfte nachgesagt werden, finden sich dort allerdings nicht. Schade eigentlich. Denn die Geschichten über die Menschen aus der Region sind auch so etwas wie Klatsch aus vergangenen Tagen.

Eines dieser Originale war die „Adelwarthin" von Oberkammlach. Sie treffend beschrieben hatte Pfarrer Alfons Herb in seinem Tagebuch. Die alte Frau

wohnte in einem Hexenhäuschen und sei regelrecht befangen von ihrem Hexenglauben gewesen. Ihrer geliebten Henne hatte sie angeblich geweihte Münzen unters Federkleid geschnallt, damit das Tier nicht von bösen Menschen verhext wird. Aus dem Stand habe sie aufzählen können, wer in Ober- und Unterkammlach „Hexe" und „Hexeler" gewesen sei. Einmal habe sie dem Pfarrer nach einer ergreifenden Grabrede auf eine gestorbene Frau gedroht, laut die Wahrheit zu sagen. Denn diese Frau sei „alle Nacht um 12e auf de Mischthaufe rumgschande und haut ghexet". Ein anderes Mal platzte die „Adelwarthin" in eine Trauerversammlung herein und klärte über den Verstorbenen auf: „A Hexeler isch ’r gwea, a ganz koinzer, haut alle Nauchbaure d'Küah und d'Gäul' verhext." Danach gab es vom Mesner ein ganz irdisches Donnerwetter.

Klatschreporter MIchael Graeter erinnert sich noch an die Zeit bei der Mindelheimer Zeitung und gab unserem Autor fünf Jahrzehnte später ein Interview.

Das Glück in der Mühle

In der Mühle von Katzbrui, das etwas sieben Kilometer südwestlich von Apfeltrach liegt, wurden im April 1949 Szenen für den Film „Hans im Glück" gedreht. Hans spielte Gunnar Möller, Gertrud Kückelmann war die Müllerstochter Kathi, Erich Ponto gab den alten Müller. Produzent Hubert Schonger sagte über Katzbrui: „Als Filmland gefiel uns die Mühle deshalb besonders, weil die Menschen uns sehr aufgeschlossen entgegenkamen. Besonders die Mühlenbesitzer zeigten außergewöhnliches Verständnis für unsere Arbeit." Auf der Mindelburg wurde das vorletzte Tauschgeschäft von Hans gedreht.

Was ist Ihnen von der Klohäusl-Affäre in Erinnerung geblieben?

Graeter: Alles noch ganz klar, war ein riesiger Medienwirbel. Fernsehen war da und sendete. Es muss noch einen ganzen Leitz-Ordner im Rathaus geben – voll mit Presseausschnitten – unter anderen die größte italienische Tageszeitung Corriera della Sera. Die druckten das besagte Bild mit der Bildunterschrift „Due cabinetti di Mindelheim".

Frech sein, Mut beweisen, kreativ sein: Welche Eigenschaften haben Ihnen im Leben weitergeholfen?

Graeter: Man muss sich das Vertrauen von Menschen erschreiben und niemanden reinlegen, außer im Privatleben eine schöne Braut. Immer freundlich sein, sich niemals einladen lassen und wenn die Rechnung beim Essen kommt, dann immer sagen: „Vielen Dank, aber mein Verleger zahlt die Zeche." Manchmal hilft auch ein kleiner

Die Mühle Katzbrui war nicht nur Filmkulisse. Die bäuerliche Getreidemühle aus dem 17. Jahrhundert ist ein bedeutendes Zeugnis ländlich-bäuerlicher Baukultur und steht unter Denkmalschutz.

Michael Graeter war Vorbild für den Klatschreporter Baby Schimmerlos (Mitte, gespielt von Franz Xaver Krötz) in der Kult-Fernsehserie „Kir Royal" mit Mario Adorf (links) und Senta Berger (rechts).

Handel: Wenn eine Promi-Scheidung zum Beispiel heftig ist, dann kann man ja sagen: Okay, über die Trennung schreibe ich nichts. Aber dafür ist die nächste Romanze exklusiv für mich.

Wie kamen Sie eigentlich als 22-Jähriger auf die Idee? Normalerweise prangern Redakteure einen Missstand ja in einem Kommentar an.

Graeter: Ich hatte wegen kritischer Artikel Rathaus-Verbot und deshalb der Weg an den wahren Schauplatz in der Öffentlichkeit.

Meine Häusl (geliehen von der Baufirma Riebel) hatte der Bürgermeister übrigens später zerhacken lassen.

Wenn Sie nach einem bewegten Leben zurückblicken: Müssen Journalisten heute frecher sein? Oder vielleicht auch Politiker?

Graeter: Ich blicke nicht zurück, immer nach vorne. Stets im Unruhestand bleiben, sonst kann man sich gleich auf den Friedhof begeben. Frecher? Nein, das hilft nicht. Was die 709 Politiker im Bundestag betrifft: Das ist ein Skandal und eine Steuerverschwendung. Es reicht die Hälfte, aber mit

ausgezeichnetem Personal. Schauen Sie mal die Ausbildung der Grünen an. Unfassbar.

Was können Sie jungen Kollegen auf den Weg geben, die wie Sie damals in der Provinz im Journalismus ihre ersten Sporen verdienen wollen?

Graeter: Sie müssen mit exklusiven Storys auffallen und nicht die Agenturen nachbeten. Ich bin als Volontär von München nach Augsburg gekommen und wurde nach Mindelheim/Bad Wörishofen geschickt, um den ausgezeichneten Lokalredakteur Möst wegen Erkrankung zu vertreten. Ich war mit niemandem verwandt im Land und konnte frei loslegen und wurde in kur-

zer Zeit Redakteur. Da rief mich Werner Friedmann nach München (Abendzeitung, 450 000 Stück Auflage am Wochenende und täglich 280 000 Auflage). Die Gage war wesentlich höher und der Augsburger Verleger Curt Frenzel war sehr enttäuscht. Zurück zu Ihrer Frage: Zivile Frechheit hilft schon und niemals aufgeben, auch wenn es schwierig aussieht.

Nach Ihrer Zeit als Lokalredakteur in Mindelheim ging es für Sie nach München, wo Sie Klatschreporter wurden. Sind Sie jemals ins Unterallgäu zurückgekehrt?

Graeter: Eine Rückkehr ins Unterallgäu? Als Strafe?

Von Lagerbier, Riesen und Liliputanern

In der Brauerei zur Glocke in Mindelheim gab es nicht nur Bier. Der Wirt lockte auch mit einer kuriosen Show.

Gutes Bier und Essen alleine ziehen nicht die Massen an, die sich ein Gastwirt wünscht. Schon gar nicht, wenn er wie in Mindelheim eine große Konkurrenz hat. Vor dem Dreißigjährigen Krieg soll es in Mindelheim 18 Brauereien gegeben haben, um 1840 waren es nach der „topographisch-statistischen Darstellung des Königsreichs Bayern" noch zwölf. Auch die „Glocke" gehörte dazu. Sie war seit 1731 in der Maximilianstraße bekannt. Der Chef des Traditionsbetriebs, Georg Lohbrunner, hatte Geschäftssinn: Er lud im Jahr 1915 nicht nur zu Konzerten, Bürger-Bällen und Fastnachtskränz-

Der „weltbekannte Illusionist" Alonso anno 1894 in Mindelheim.

chen, sondern zu „echten Sensationen" ein. Seine Gäste sollten trinken, essen und staunen, als das „kleinste Zwerg-Ehepaar der Welt" nach Mindelheim kam. In der Zeitung wurde es mit „Niedlich! Pousierlich! Unterhaltlich!" angekündigt. Die 105 Zentimeter große Emma Clever und ihr Mann August, der sie um zehn Zentimeter überragte, tanzten und sangen. Und noch mehr: Sie jodelte. In der Zeitung wurde so berichtet: „Sie spielt am Klavier und der kleine Herr Gemahl ist Komiker, über dessen humoristische Vorträge man seine Sorgen vergisst." In einer Zeit, in der es noch kein Ferm-

Das „kleinste Zwerg-Ehepaar der Welt" zeigte sich in der Mindelheimer „Glocke", wie eine Zeitungsanzeige im Jahr 1913 warb.

Brauerei zur „Glocke", Mindelheim.
Samstag, den 7. Juni, Sonntag, den 8. Juni und Montag, den 9. Juni
Konzert und Vorstellung des kleinsten Zwerg-Ehepaares der Welt!
Niedlich! Pousierlich! Unterhaltlich!
Anfang halb 4 Uhr und abends 8 Uhr.
Sonntag: Frühschoppen-Konzert
bei freiem Eintritt.
NB. Bis auf weiteres täglich zu sehen von vorm. 11 Uhr ab.
Hiezu laden freundlichst ein
Die Direktion. Gg. Lohbrunner.

Der Gastwirt ....

Ist der Mann mit der weißen Schürze der „Wirtschaftsführer" im Brauereigasthaus zur Glocke, Georg Lohbrunner? Eine entsprechend stattliche Gestalt hat der Mann auf dem Bild jedenfalls.

sehen gab, waren diese Präsentationen eine beliebte Unterhaltung. 1893 ließ beispielsweise der Magier Charles Popp in seiner Vorführung im Collegsaal in Mindelheim eine Frau auf einem Podium durch den Saal schweben. In Memmingen hatte er so bereits hunderte Zuschauer staunen lassen. „Da hierbei weder Versenkung im Bühnenraum, noch Spiegel zur Anwendung gebracht werden können und sich das Podium freischwebend in der Luft befindet, so dürfte es somit das höchste sein, was auf dem Gebiete der Illusion gleistet worden ist", wurde danach in der Zeitung berichtet. Im Jahr darauf sorgte Alonso Gassner bei einem Gastspiel im Stadtsaal Mindelheim für Aufsehen. Er rühmte sich als „großer weltbekannter Illusionist und Antispiritist", der Gedanken lesen konnte. Im Schlepptau hatte Gassner die „große und weltberühmte Gedächtniskünstlerin" Charlotte Gassner, vermutlich seine Frau.

Zu den großen wandernden Künstlern dieser Zeit gehörte auch „Mariedl". Sie war tatsächlich groß. Die junge Frau aus dem Ridnauntal bei Sterzing stellte alle in den Schatten: Mit ihrer Kör-

Das Bild zeigt die Mitarbeiter der „Glocke" im Hof. Wann die Aufnahme entstand, ist nicht bekannt.

pergröße von 227 Zentimetern war die „Mariedl" die Sensation schlechthin, auch beim Oktoberfest 1906 in München. Dort arrangierte Karl Gabriel „Wild-Afrika" im neuen Hippodrom, das eine Mischung aus Restauration und Pferdereitbahn war. Gabriel, der auch die erste Achterbahn nach Deutschland brachte, hatte sich auf die Präsentation „lebender Abnormitäten" und Völkerschauen spezialisiert. In Tracht und mit Tirolerhut wur-

Ueber die **Weihnachtsfeiertage** ist in der Brauerei zur „**Glocke**", im Gasthaus zur „**Siegeshalle**", „**Friedenslinde**" und „**Löwen**"

Ausschank von hellem Lagerbier,

sowie in der Brauerei zur „**Glocke**" jeden Tag von 5 Uhr Abends ab.

de Maria Faßnauer nicht nur auf dem Münchner Oktoberfest, sondern auch in Berlin, Wien oder in London gegen entsprechendes Eintrittsgeld einem gaffenden Publikum vorgeführt. Sie war die erste und einzige wirklich große Botschafterin ihres Landes.

Auf der Bühne trug die über 170 Kilo schwere Maria Faßnauer zusätzlich hohe Schuheinlagen, lange Kleider und einen Zylinderhut – die „Riesin von Tirol" sollte so noch größer wirken. Und erst ihre Hände: Die waren so groß, dass durch ihren Fingerring ein Geldstück passte, was der Impresario jedem demonstrierte. Er hielt bei den Vorführungen auch mit weiteren Superlativen nicht hinterm Berg. Maria Faßnauer habe angeblich einen grenzenlosen Appetit: Schon zum Frühstück verspeiste sie für gewöhnlich 18 Eier, ein Dutzend Semmeln, einen Teller mit Schinken und trank drei Kannen Kaffee. Als Nachtisch folgte noch eine große Schüssel Kompott. Maria Faßnauer hatte nicht nur einen Riesenappetit, sondern auch Riesenkräfte.

Auf dem Hof der Eltern konnte sie angeblich alleine die Arbeit von mehreren Männern erledigen. Sie soll sogar ein ganzes Kalb auf ihren Schultern getragen haben. Aber wie war sie wirklich? Und wie sah sie aus? Als „nicht lang und schlank, wie die meisten Großgewachsenen, sondern als wohl gebaut und gut proportioniert" beschrieb sie ein zeitgenössisches Blatt. Sie hatte eine Bassstimme, dunkles Haar und ein lang gezogenes, schmales Gesicht. Geworben wurde für gewöhnlich für „das größte Weibsbild, das je gelebt hat". Eine ausgeklügelte Werbestrategie steckte freilich dahinter, um möglichst viele Menschen in die Shows zu locken. Dort zeigte sie sich, beantwortete ehrlich Fragen und verkaufte Fotokarten von sich.

Ständig im Rampenlicht führte Maria Faßnauer außerhalb ihrer Auftritte ein einsames Leben. Hätte sie sich irgendwo gezeigt, dann wäre das geschäftsschädigend gewesen. Tief

Die vielen Gasthäuser und Brauereien waren ein Spiegelbild des im 19. Jahrhunderts aufblühenden gesellschaftlichen Lebens auf dem Land und in der Stadt. Die Aufnahme vor dem Ausflugslokal „Kronenkeller" in Pfaffenhausen entstand um 1900.

religiös soll sie viel Zeit in Kirchen verbracht haben. In Briefen an die Eltern klagte sie über Einsamkeit und schreckliches Heimweh. Geschwüre an den Beinen erschwerten es ihr immer mehr, lange zu stehen. Erst im Jahre 1913, am Ende ihrer Kräfte und gesundheitlich angeschlagen, kehrte die Riesin von ihren Reisen

nach Ridnaun zurück. Als sie mit gerade einmal 38 Jahren im Sterben lag, wünschte sie sich, dass sie ihre geliebte Mutter bald wieder bei sich habe. So passierte es: Drei Wochen nach ihrem Tod starb Theresia Faßnauer an einer Lungenentzündung.

Ein Auftritt der Tiroler Riesin in Mindelheim hätte Georg Lohbrunner, dem

„Wirtschaftsführer" im Brauereigasthaus zur Glocke, sicherlich gefallen. Im Jahr 1919 pachtete er auch den „Ochsen" in Mindelheim. Früher hieß das Wirtshaus auch „Roter Ochse". Eine Wirtstochter war Viktoria Hochwind, die von 1696 bis 1718 als Reichsäbtissin im Kloster Gutenzell wirkte. Eine soziale Ader hatte auch der spätere „Ochsen"-Wirt Anton Schorer: Er stiftete 1807 für arme Männer und Frauen 800 Gulden. Zurück zu Georg Lohbrunner: Trotz der schwierigen Bedingungen nach dem Ersten Weltkrieg übernahm er den „Ochsen" und bot dort einen Mittagstisch an. Für Gäste richtete er Fremdenzimmer ein. Jeden Freitag veranstaltet Lohbrunner einen Gesellschaftsabend. Wo früher die Brauerei zur Glocke war, wurde später übrigens die Mindelheimer Zeitung gedruckt.

Die bekannten Mindelheimer Brauereien und Gasthäuser hat Olli Hirle 2002 im Mundart-Band „Vom Bier, vom Wein und von Wirtschaften in Mindelheim" beschrieben. Um 1940 gab es wohl insgesamt 47 Wirtschaften. Heute sind es nur noch halb so viele.

Die bekanntesten hießen Traube, Wies, Kollegwirtschaft, Mohren, Zum Kreuz, Kastello, Zum Lamm, Zum Bären, Rappen, Engel, Geyer, Linde, Zum Hasen, Zum Löwen, Reichsadler, Goldener Hirsch, Sonne, Siegeshalle, Zur Laute, Zum Stern, Weizenkaspar, Krone, Pfitz, Schlosswirt, Zum letzten Pfennig oder Bahnhofswirtschaft. In der „Krone" in der Maximilianstraße trafen sich früher gerne Soldaten des Landsturmbatallions. Die höheren Beamten kamen im „Fuchsloch" zusammen. Es konnte dort auch später werden – einmal wollte ein Polizeidiener nach der Sperrstunde für Ruhe sorgen. Als er die Tür aufriss, um sich die Trinkbrüder zur Brust zu nehmen, erschrak er erst einmal: Vor ihm saßen bekannte Gesichter der Stadtspitze. Es wird erzählt, dass sich der Gendarm daraufhin erst einmal entschuldigte und sagte: „Entschuldigens bittschea, i hau gmoit, es send Baura."

Neben Bier wurde auch Wein ausgeschenkt: Zum Beispiel in der Weinstube Beringer in der Maximilianstraße und im Weinhaus Dietz in der Kornstraße. Ein besonderes Ambiente bot der Katharinenkeller, zu dem vor allem sonntags Familien pilgerten. Dort hatten Gäste den schönsten Blick auf die Stadt. Ein anderes beliebtes Ausflugsziel war der Rechbergkeller. Auch der Kreuzkeller mit seinen Kastanien und Linden (vor dem Krieg hatte die Lindenbrauerei den Keller bewirtschaftet) stand hoch im Kurs. Schriftsteller Arthur Maximilian Miller schätzte den Ochsenkeller.

Gastwirt Dr. Klaus Berthold (†) am historischen Tisch: Vor über 100 Jahren war dies ein Teil des Fußbodens im Tanzsaal der „Post". (links)

Das Mindelheimer Gasthaus mit der längsten Geschichte war sicherlich die Post am Marienplatz: Dort nächtigten Könige, Prinzen und Generäle. An eine besondere Begebenheit erinnert heute eine Tafel: Als 1796 der französische General Ferino drohte, die Stadt zu plündern, warf sich Wirtin Cäcilia Dreer mit ihren Kindern auf die Knie und bat um Gnade. Ihr Einsatz hatte Erfolg. Dreer wurde später in den Adelstand erhoben. Die dankbaren Mindelheimer ließen zur Erinnerung ein großes Votivbild malen. Es

ist heute im Museum zu sehen. Auf dem Dachboden der „Post" entdeckte vor einigen Jahren der damalige Inhaber Dr. Klaus Berchtold eine eingestaubte runde Holzplatte. Aus der sollte ein Tisch für die Weinstube gemacht werden. Ein Schreiner möbelte die vom Holzwurm zerfressene Platte mit sternförmigen Intarsien aus Ahorn und Eiche wieder auf. Als die Tischplatte angeliefert wurde, kam zufällig Historiker Berndt Michael Linker vorbei. Er erkannte das Muster wieder – es war früher, als die „Post"

noch „Hecht" hieß, Teil des Fußbodens. Linker erinnerte sich an ein Bild, auf dem die kunstvolle Handarbeit zu sehen war. Die Aufnahme stammte vermutlich aus der Zeit des Ersten Weltkriegs.

In den Text eingebettetes Banner: *Zur Erinnerung an die Errettung der Stadt Mindelheim aus Kriegsnot durch die Posthalterin CÆcilia von DREER am 21. September 1796*

GASTHOF ZUM HECHT-POST

Der Kniefall: Das Gemälde zeigt Cäcilie von Dreer, die Mindelheim am 21. September 1796 vor der Brandschatzung rettete.

Die Retterin von Mindelheim

Die frühere Posthalterin Cäcilia Dreer hatte sich mit Stadtpfarrer Marquard von Donnersberg mutig vor den französischen General Pierre Marie Barthélemy Ferino geworfen. Der war verärgert und wollte die Stadt am 21. September 1796 brandschatzen. Vorangegangen war ein Vorfall in Nassenbeuren: Dort wollte angeblich ein französischer Soldat die Frau des Maurermeisters vergewaltigen. Der Handwerker ging dazwischen und wurde erschossen. Daraufhin beschwerte sich der bayerisch-kurfürstliche Gerichtsschreiber Wagner bei Ferino, dass er sich mehr Disziplin von einem französischen Soldaten erwarte. General Ferino kam später zu großen Ehren. 1804 wurde er von Napoleon zum Großoffizier der Ehrenlegion und 1805 zum Senator ernannt.

Muckerl, der kleine Elefant

Exotische Tiere sind im Unterallgäu gern gesehene Gäste. Auf dem Plärrer beim Knabenschulhaus in Mindelheim tummelte sich 1894 sogar ein Reptilien-Rudel.

Wenn der Landkreis Unterallgäu ein Wappentier bräuchte, dann wäre ganz klar das Mammut die erste Wahl. Das liegt weniger am deutschen Firmensitz des gleichnamigen Bergsportausrüsters in Wolfertschwenden. Der zottelige Eiszeitriese ist vielmehr Teil der Geschichte des Landkreises. 1934 wurden in einer Kiesgrube in Benningen die

Überreste eines Urelefanten entdeckt. Die gefundenen Stoßzähne und Unterkiefer sind rund zehn Millionen Jahre alt. Die Liebe zu den Exoten ist ungebrochen.

Beim Faschingsumzug 1897 bekamen die Zuschauer „Muckerl" zu sehen. So nannte der spätere Bürgermeister Anton Weiß seinen Elefanten, auf dem er als Sultan verkleidet durch Mindelheim getragen wurde. Die Karnevals-Gesellschaft hatte den großen Maskenumzug organisiert und ihm das Motto „Ein Friedensfest im Reiche des Sultans" gegeben. An 25. Stelle kam Anton Weiß, der Gutsbesitzer des Dömlinger Hofs, mit seinem Leibelefanten Muckerl. Zur imposanten Erscheinung gehörte das

Spannendes Spielzeug: Ein Elefant aus Blech, der unglaubliche Kunststücke vollführen kann.

Die Kopfbedeckung

Turbane wurden in Süddeutschland unter anderem durch Albrecht Dürer bekannt. Er war in Venedig auf die Kopfbedeckung gekommen: Dort stellte ihm der Maler Gentile Bellini seine türkischen Modelle vor.

Bürgermeister Anton Weiß hatte sich 1897 als türkischer Sultan verkleidet.
So nahm er mit seinem Elefanten Muckerl am Maskenzug durch Mindelheim teil.

Einladung.

Karnevals-Gesellschaft Mindelheim.

Am „gumpigen Donnerstag" d. 25. ds. Mts.
Nachmittags ½3 Uhr

Großer Maskenzug

mit türkischem Maskenfest im Stadtsaale.

Beginn Nachmittags 4 Uhr.

1. Eröffnungs-Marsch.
2. Grande Polonaise und Huldigungsfeier vor Sr. Maj. dem Sultan.
3. Produktionen der Seilkünstler Fratelli: Lufti Mufti.
4. Das indische Fürstenpaar in einem egyptischen Zaubersalon.
5. Neapolitanisches Nationalconzert auf der Mandoline.
6. Auftreten indischer Luftspringer.
7. Schlußtableau: Das kaiserliche Hoflager feenhaft beleuchtet.

Eintritt 20 Pfg.

Beginn der Abendunterhaltung unter Mitwirkung der städt. Kapelle präcis ½8 Uhr mit folgendem Programm:
I. Abteilung.

Française à Konstantinopel.
Neapolitanisches Nationalkonzert auf der Mandoline.
Produktionen indischer Gaukler.
Das indische Fürstenpaar in einem egypt. Zaubersalon.
Türkisches National-Lied zu Ehren Sr. Majestät des Sultans.
Orientalisches Schlußtableau.
II. Abteilung.
Tanz-Unterhaltung.
Eintritt à Person 1 Mk.

Der Ausschuß.

1976 marschierten Elefanten der Zirkus-Brüder Althoff durch die Mindelheimer Maximilianstraße.

stilechte Kostüm samt Turban und Säbel. Bis die Menschen einen echten „Muckerl" in der Maximilianstraße zu sehen bekamen, sollten Jahrzehnte vergehen. Im Juni 1976 marschierte der Zirkus der Gebrüder Althoff mit mehreren Tieren durch Mindelheim. Der Zirkus hatte seine Zelte auf der Schwabenwiese aufgeschlagen und rührte in der Innenstadt die Werbetrommel. Einen anderen Weg wählte ein Wanderzirkus im Jahr 1894: Er warb in der Zeitung für sein 350 Jahre altes Riesen-Krokodil, das jeder auf dem Jahrmarkt anschauen konnte – gegen Eintritt versteht sich. Kostenlos gab es vorweg schon diesen Appetit-Happen: Das „riesige lindwurmartige Tier" hätte

30 Junge und legte angeblich im Juni 1625 insgesamt 85 Eier. Davon seien 30 ausgebrütet worden. Die Jungtiere würden „in jeder Vorstellung mit dem kolossalen Muttertiere vorgelegt" – lebend und nicht ausgestopft. Die „Direktion", die sich gerade auf der Durchreise nach München befinde, versprach: „Dieses Riesenkrokodil ist eine zoologische Begebenheit und für jeden Besucher eine bleibende Erinnerung für das ganze Leben." Wer sich bei so viel Sensation immer noch nicht aufraffen konnte, der bekam einen weiteren Anreiz: Die Schausteller versprachen jedem, der „wo ein zweit' solch kolossales Krokodil mit seinen 30 lebenden Jungen" kennt, eine Belohnung von 1000 Reichsmark.
Andere Exoten brachte der Circus Bauer um die Jahrhundertwende auf die Wiese beim „Sternwirth": Zwergesel, Edelhirsche und dressierte Schweine. Die wurden im unwettersicheren Zelt gezeigt. Dazu spielte eine eigene Kapelle. Für Licht sorgte eine „vorzügliche tageshelle Gasbeleuchtung".

Ein wühlfreudiger Plagegeist

Warum Jäger Bisamratten auf den Pelz rückten und Biber oft im Kochtopf landeten.

Putzig oder ekelig? Für Landwirte stellte sich diese Frage früher nicht. Sie rückten den Bisamratten auf den Pelz, weil sie in Uferbereichen riesige Höhlensysteme anlegten. Die Folge: Oft wurden angrenzende Wiesen überschwemmt. Und: Die Tiere verspeisten den Muschelbestand in Bächen. Kurzum: Die Wasserratz, die ein Jäger dem

Fotografen der Mindelheimer Zeitung vor die Linse hielt, war ein ungeliebter Zeitgenosse. So wie schon der Biber. Anfang des vergangenen Jahrhunderts war der wegen seines Fells und seines Fleisches begehrt und wurde weitgehend ausgerottet. Er gehörte sogar auf jede Speisekarte. Ob in Bockbier gekocht, auf Zwiebeln gedämpft oder in Schmalz geschmort: Der Baumeister war eine willkommene Delikatesse, wie ein bayerisches Rezept aus dem Jahr 1802 beweist: „Von einem Biber, welcher geviertelt wurde, nehme man das hintere Viertel, wasche es, lege es in eine Kasserolle mit Lorbeerblätter, Rosmarin, Zitronenschalen, Nelke und Pfeffer. Salze das Biberviertel, und lege es auch in die Käserolle. Gieße ein wenig gute Erbsensuppe mit etwas Wein und Essig dazu, schneide kleine Zwiebelscheiben, nicht zu viel, brenne frische Butter darauf, und lass' es alles wohl zugedeckt dünsten. Sodann nehme das Biberviertel heraus, brate

> Um den Plagegeistern Herr zu werden, wurden verschiedene Methoden angewendet.

es am Spieß schön bräunlich, begieße es mit Butter und Obers, bestreue es mit Semmelbrösel, lasse im Butter ein wenig Mehl rösten, und gieße von der Suppe, wo der Biber gedünstet hat, daran. Ist die Sauce zu wenig sauer, drücke Zitronensaft hinein, gebe noch ein wenig Gewürz dazu, und lass' es aufsieden. Nehme den Biber vom Spieß, gieße die Brühe in die Schüssel, und richte den Biber darauf, lege auf den Braten Zitronenschnitzel, und gebe ihn zur Tafel."
Mönche verzehrten Biber übrigens vor Jahrhunderten auch als Fastenspeise. Klar: Die Tiere mit dem schuppigen Schwanz leben im Wasser und gehen somit als Fische durch. In Süddeutschland wurde Mitte der 1960er-Jahre begonnen, Biber wieder auszuwildern. Die Tiere haben sich seither unaufhaltsam vermehrt. Heute wird der Bestand bundesweit auf etwa 30 000 Tiere geschätzt – alleine rund 20 000 Biber leben in Bayern. Wie es um die Popu-

lation der Bisamratte steht, ist nicht genau bekannt. 1971 wurden rund 750 Tiere im Landkreis gefangen. Darüber berichtete damals Manfred Wölfl in Hiltenfingen. Er sagte: „Eine totale Ausrottung des Bisams ist unmöglich, wir können seine Population nur in Grenzen halten." Bei der Informationsveranstaltung zeigte „Oberbisamjäger" Georg Brugger Farbdias über die erfolgreiche Bekämpfung, und wie die große Wühlmaus in Bächen, Flüssen und Teichen erkannt wird. Auch auf die Geschichte des Tiers ging er damals ein: Es wurde um 1905 aus Nordamerika eingeschleppt. Natürliche Feinde sind neben Fuchs und Uhu vor allem Menschen. Doch damit ist heute Schluss: Denn seit 2005 gibt es in Bayern keine amtlichen Bisamfänger mehr. Die Europäische Kommission hat die Bisamratte auf die Liste der Tier- und Pflanzenarten gesetzt, die die europäische Artenvielfalt und Biodiversität bedrohen, weil sie einheimische Arten verdrängen und wirtschaftlichen Schaden verursachen. Die Mitgliedsstaaten sollen jetzt verhindern, dass invasive Arten gezüchtet, verkauft oder weitertransportiert werden.

Nicht weniger als 736 Bisamratten wurden 1971 im Landkreis Mindelheim gefangen. Dies berichtete Manfred Wölfl bei einer Informationsveranstaltung im März 1972.

Ein Original auf Freiersfüßen

In Wörishofen lustwandelte ein „Graf" durch die Straßen, der mit Anzug, Charme und Humor auffiel. Er hatte noch ein anderes Erkennungszeichen.

Der „Graf" steckte sich jeden Tag eine frische Blume ins Knopfloch seines Anzugs. Und er hielt jeden Tag aufs Neue Ausschau nach dem anderen Geschlecht. Ganz ungeniert, dafür mit viel Charme, soll der „Graf" gefragt haben: „Wollen Sie mich heiraten? Ich liebe vor allem Frauen mit viel Geld und groß und mittelstark. Wie wär's morgen zwischen 3 und 5 Uhr bei rotem Licht und Schokolade? Ich habe gerade noch eine Tafel zu Hause." Karl Max Hugo Wahl war in Bad Wörishofen bekannt wie ein bunter Hund. Vielleicht wegen seiner Avancen. Sicherlich wegen seines Auftretens gegenüber den Kurgästen, die die große Welt in den kleinen Kurort brachten. Genau in dieser Atmosphäre fühlte sich Wahl wohl.

In seinen Adern floss blaues Blut – das berichteten damals jedenfalls die Zeitungen. Der Charmeur soll ein unehelicher Spross eines Graf Arco gewesen sein.

Wahl ging nach eigenen Angaben aus einer Liäson mit einer Kellnerin in Schwäbisch Gmünd hervor. Sein Vater soll Georg Graf von Arco gewesen sein, der als Erfinder der drahtlosen Telegraphie gilt. Er verhalf Telefunken zum Aufstieg zur Weltfirma. Als Alimente bezog der Wörishofer Graf monatlich 70 Mark von einer gräflichen Gutsverwaltung. Nach Wörishofen war Wahl nach dem Ersten Weltkrieg gekommen – als kranker Soldat, der dann blieb. 1924 ließ er sich im Ort nieder. Immer bestens gekleidet und mit untadeligen Umgangsformen lebte er als Bohemien. Wenn er nicht auf Freiersfüßen durch die Straßen lustwandelte, malte er gerne. Nämlich Gebirgslandschaften. Er fotografierte außerdem. Eine dritte große Leidenschaft war die Musik. Er spielte Klavier, ohne Noten lesen zu können. Rein nach Gehör spielte er Mozart, Verdi oder Wagner. Gerne unterhielt er die Gäste im „Wittelsbach". In dieser Rolle ging er förmlich auf. Auch dem Kurorchester fühlte sich Wahl verbunden. Laut einem Bericht der Mindelheimer Zeitung vom Mai 1960 saß er bei Kon-

"Graf" v. Wörishofen: Ich heiße Karl Max Hugo Wahl. Haben Sie Geld, wollen Sie mich heiraten, meine Damen!

ABER DIE HERKUNFT BLEIBT ...

Damen nur bei rotem Licht ...

Das hätte sich der selige bayerische Graf Arco auch nicht träumen lassen, daß sein leiblicher — wenn auch unehelicher — Sohn Karl Max Hugo einmal eine kleine Berühmtheit wird. Eine etwas traurige Berühmtheit allerdings, aber immerhin ...
Der Karl Max Hugo, in dessen Adern blaues Blut fließt und dessen Mutter eine Kellnerin in Schwäbisch Gmünd war, ist seit Jahren das Original von Bad Wörishofen und allen Besuchern dieses bekannten Kneippbades ein Begriff. Wer ihn sieht ruft laut: Guten Tag, Herr Graf! Die Fremden, weil sie ihr Sensatiönchen haben wollen, die Kinder, weil sie gehört haben, daß der „Graf" einen „kleinen Tick" haben soll. Der „Graf" lustwandelt ständig auf Freiersfüßen

zerten oft neben dem Pianisten und blätterte um. Was der „Graf" ebenso perfekt beherrschte: Er hatte neben der frischen Blume am Knopfloch stets einen Spazierstock dabei. Den konnte er jonglieren wie andere ei-

Der „Kurschatten" redet mancher Frau nach dem Mund und lässt sie mit seinen schmeichelnden Worten plötzlich schlank aussehen. Die Zeichnung stammt von Künstler Armin Gehret aus Bad Grönenbach.

ne Streichholzschachtel oder einen Bierfilz. Der Graf von Wörishofen liebte es, den Leuten Theater vorzuspielen. Manchmal auch mit einer schrulligen Art. Es soll sogar Kurgäste gegeben haben, die sich Jahr um Jahr nach dem Mann mit der unbekannten Vergangenheit erkundigten. Auch bei Schulkindern war er beliebt. Er schenkte ihnen Bonbons und soll jeden Spaß mitgemacht haben. An Karfreitag heuchelte er einmal mit Erstaunen, als er überrascht vor einem verschlossenen Geschäft stand: „Alle Jahre dasselbe."
1960 starb das Wörishofer Original im Alter von 66 Jahren. Der „Graf", der im Ort eine gewisse Berühmtheit erlangt hatte, taucht allerdings in keinem Stammbaum des alten bayerischen Adelsgeschlechts auf.

Das beste Stück steht im Stall

Regina hieß die Kuh von Familie Wißmüller aus Dirlewang. Sie war gutmütig – auch, als Lausbuben ein Milchwettspritzen mit ihr veranstalteten.

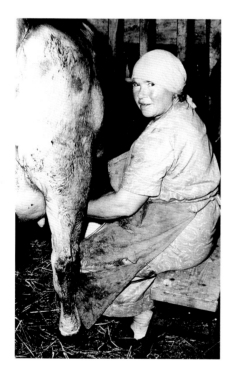

Melken war für Christine Wißmüller noch pure Handarbeit.

Bei Kreszentia Wißmüller aus Dirlewang war Handarbeit im Stall angesagt. Da gab es keinen Melkroboter, der Kühe rund um die Uhr versorgt, der die Euter mit einem Laser vermisst, reinigt sowie die Milchmenge und den Milchfluss kontrolliert. Die Daten benötigte Kreszentia Wißmüller nicht. Erfahrung und Bauchgefühl waren die Parameter, damit es auf dem kleinen Bauernhof der Familie ein vernünftiges Auskommen gab. Anpacken mussten auch die Kinder wie Wilhelm Wißmüller. Er erinnert in seinem Buch „Heilig war ich nie!" an das Leben auf dem Land.

Seine Lausbubengeschichten drehen sich auch um das beste Stück der Familie – die Kuh namens Regina. Sie musste her, als Wilhelm einmal mit zwei Freunden aus lauter Langeweile auf die Idee kam, auf der Weide ein Wettspritzen zu veranstalten. Wilhelm schaffte es tatsächlich, die Kuhmilch aus dem prall gefüllten Euter fünf Meter weit zu spritzen. Sein

Wilhelm Wißmüller hielt vor seinem Tod seine Lausbubengeschichten in einem Buch fest.

Freund „Schwabs Willi" wollte ihm nacheifern und bemühte dafür seine Kuh Lotte. Mit ihr hatte der Wettstreit jedoch ein jähes Ende, denn der „Schwabs Willi" hatte im Eifer des Gefechts die „Dutta" zu heftig gequetscht. Lotte erschrak, holte aus

Ein Lausbub erinnert sich

„Heilig war ich nie": so lässt sich das Leben des jungen Willi Wißmüller beschreiben, der seine Kindheit in den Vorkriegsjahren in der Marktgemeinde Dirlewang im Unterallgäu zubrachte. Das Buch beinhaltet amüsante Kurzgeschichten über das Leben auf dem Land aus der Sicht eines Burschen erzählend, die zum Schmunzeln einladen. Manch einer fühlt sich dabei sicher an seine eigene Jugend oder die seiner Vorfahren erinnert. Trotz aller Leichtigkeit gewinnt der Leser auch einen Einblick in die raue Zeit und die damit verbundenen Schicksale von damals.

Im modernen Stall fahren Kühe heute Karussell: Melkroboter erledigen, was früher viel Handarbeit bedeutete.

und beförderte den Lausbub mit der Hinterhaxe in einen Graben.

Regina war übrigens nicht nur die beste Milchkuh der Wißmüllers. Sie wurde für die Buben auf dem Land zum Anschauungsobjekt in Sexualkunde. Regina kam nämlich einmal zum Gemeindestier. Der Fleischbatzen, ein Muskelpaket mit mächtigem Kreuz, wurde an das weibliche Hinterteil geführt. Der Stier hatte leichte Arbeit und der kleine Bruder von Wilhelm Wißmüller bekam mit seinen fünf Jahren unverblümt Aufklärungsunterricht. Regina brachte dann nach neun Monaten ein Kälble zur Welt.

Ihre Tränen tränken Grabblumen

Nach einer Sage geistert immer noch eine junge Frau in schneeweißen Gewändern an der Moosburg bei Haselbach herum.

Sagen und Legenden faszinieren die Menschen seit Jahrhunderten. Viele dieser Geschichten haben einen wahren Kern, der fantastisch ausgeschmückt wurde. Bei Haselbach gab es zum Beispiel die Moosburg. Heute noch sind Graben- und Wallresten östlich des Ortsteils von Eppishausen zu erkennen. Die Anlage war vermutlich im 12. und 13. Jahrhundert der Sitz der Herren von Haselbach. Das Adelsgeschlecht soll bis auf eine Ausnahme ausgestorben sein: Der Sage nach soll das „Moosburg-Fräulein" in schneeweißen Gewändern an den Weihern und am ehemaligen Burgstall herumgeistern. Sie war die Tochter eines Raubritters und hatte nach einem tragischen Schicksalsschlag keine Ruhe gefunden. Ihr Vater hatte eine Fuggersche Wagenkolonne überfallen, reiche Beute und sogar einige Gefangene ge-

macht. Auch ein junger Mann gehörte dazu. Er war am Bein verletzt worden. Das Burgfräulein pflegte ihn gesund. Es kam, wie es kommen musste: Die beiden verliebten sich ineinander und wollten fliehen. Als sie ihren Plan umsetzen wollten, weckte das Gebell des Lieblingshundes des Fräuleins die Wachen. Die schritten sofort ein. Am Waldweiher im Tal wurden die flüchtenden Herzen eingeholt. Das grausame Ende: Pferd und Liebhaber wurden erschlagen. Das Fräulein musste zurück auf die Burg, wo sie trauerte. Jeden Tag schmückte die junge Frau das Grab ihres Geliebten. Es hieß, dass ihre Tränen die Blumen tränkten. Eines Tages wurde sie tot an der Ruhestätte gefunden. Es gibt noch eine andere Version von der „Frau vom Waldsee": Nach der misslungenen Flucht in einem weißen Kleid und dem jähen Ende des Geliebten

Auf der Moosburg bei Haselbach lebte nach einer Sage ein unbarmherziger Raubritter.

Im Gasthaus Kaisinger wurden schon vor über 100 Jahren Sagen und Mythen rund um Haselbach verbreitet.

Grenzstein auf dem Rücken

Zwischen Unterrammingen und Tussenhausen soll nach einer Sage Tag und Nacht ein geheimnisvoller Mann umher geirrt sein. Er trug stets einen Grenzstein auf den Schultern, wie im 500 Seiten starken Buch „Rammingen - ein Dorf am Wörthbach" von Manfred Leinsle nachzulesen ist. Der Mann mit dem Grenzstein fragte jeden, den er unterwegs traf, wohin er die Last denn bringen solle. Doch niemand konnte ihm eine Antwort geben. Erst der Leibhaftige wusste: „Tu' ihn dorthin, wo du ihn her hast. Grabe ihn an alter Stelle wieder ein und du bist erlöst." Der geheimnisvolle Mann wurde nie wieder gesehen.

suchte das Burgfräulein fast täglich in schwarzem Gewand das Grab am Seeufer auf. Wer die Frau heute in einem weißen Kleid sieht, hat Glück: Das Moosburgfräulein steht den Liebenden zur Seite. Trägt die junge Geisterfrau ein schwarzes Kleid, dann könnte das viel Leid in der künftigen Beziehung bedeuten.

Es gibt noch viele andere geheimnisvolle Sagen aus der Region: Ein Hund mit Augen wie Feuerkugeln soll zum Beispiel einen Schatz bewachen, den einst ein brutaler Raubritter in der Teufelsküche beim Weiler Schöneschach vergraben hat. Nachts zum Glockenschlag 1 Uhr krähte dann ein Hahn, dessen Gefieder Funken sprüh-

te. Sein schrilles Gekrähe trieb den Spuk angeblich wieder unter die Erde. Eine andere Sage handelt von wundersamen Vorgängen in Siebnach. Dort wollten die Bewohner im 18. Jahrhundert eine neue Kirche im Dorf errichten. Die Fuhrleute und Bauern waren fleißig mit dem Transport von Steinen, Holz und Kies beschäftigt, mussten am nächsten Tag jedoch verwundert feststellen, dass das gesamte Baumaterial wie von Geisterhand wieder nach Kirch-Siebnach gekommen war. Nachdem sich dieser Zauber drei Mal ereignet hatte, interpretierten die Bewohner dies als ein Zeichen Gottes und erbauten ihre Kirche an der gezeigten Stelle.

Die Mindelburg als Märchenschloss

Ein fotografischer Schatz taucht auf: Alte Aufnahmen von Ludwig Schramm zeigen, wie das Mindelheimer Wahrzeichen einst ausgesehen hat. Kulturamtsleiter Christian Schedler hat das in Privatbesitz befindliche Album genau untersucht.

Die Burg war marode geworden, das Königreich Bayern wollte das alte Gemäuer loswerden: 1878 kaufte der Münchener Architekt Ludwig Schramm das Hauptgebäude. Als gebürtiger Mindelheimer wusste er um den historischen Wert der Anlage, die er sich in den Jahren darauf zum Wohnschloss ausbaute. Er korrigierte die äußere Optik nach romantischen Vorstellungen. Wie sich Schramm sein persönliches Märchenschloss damals innen einrichtete, war bisher unbekannt. Einen Eindruck davon gibt ein besonderes Fotoalbum, das der Mindelheimer Kulturamtsleiter Christian Schedler vor wenigen Jahren aus Privatbesitz zur historischen Untersuchung erhielt. Es ist ein echter fotografischer Schatz. Das Album mit vergoldeten Jugendstilmotiven auf den Einbandkanten zeigt Ansichten der Mindelburg aus den Jahren zwischen 1878 und 1879 sowie 1908. Vielleicht war die kleine Sammlung ein Geschenk. Sollte es eines der Kinder von Schramm an die Zeit auf der Burg erinnern? Als Adressatin

Diese Aufnahme der Mindelburg ist kaum bekannt: Sie entstand um 1880 und stammt aus einem Album, das Kulturamtsleiter Christian Schedler (rechts) untersuchte.

Unglaubliche Einblicke: So sah es auf der Mindelburg um 1908 aus. Die Zimmer hatten zum Teil reiche Kassettendecken (links), waren auch mit Waffen, Böllerkanonen und Ritterrüstungen ausgestattet (rechts oben). Zu erkennen ist im Saal mit Gewölbedecke (rechts unten) der Reichsadler.

könnte für den Kulturamtsleiter Anna Wingefelder, eine Tochter Ludwig Schramms, in Frage kommen. Sie war damals 27 Jahre alt und hatte nach Neu-Ulm geheiratet. Wie dem auch sei. Wer das Album in Händen hält, erkennt: Ludwig Schramm hatte die von den Schweden im Jahr 1646 niedergebrannte Hauptburg, die nur notdürftig als Kornspeicher wieder hergestellt worden war, mit einem extremen Aufwand von Grund auf neu ausstatten lassen.

Im Album gibt es folgende Ansichten: Zum einen wurde die Burg im noch unveränderten Zustand vor den Umbauten und Abrissen Ludwig Schramms mit dem Querbau Georgs II. von Frundsberg abgelichtet. Das letzte Foto mit einem Blick auf Mindelheim von der Burg aus zeigt am südlichen Ende der Stadt den Rohbau des Bezirkskrankenhauses, der schon mit Dachplatten eingedeckt war. Schedler: „Da alle fest eingeklebten Fotos in einem sehr einheitlichen Zustand erscheinen, ist davon auszugehen, dass das von Anfang an nur bis zur Hälfte ausgefüllte Album in einem Arbeitsgang zusammengestellt wurde.

Dieser Zeitpunkt kann wegen des letzten Fotos auf die zweite Hälfte des Jahres 1908 eingeschränkt werden.“ Es gibt noch einen weiteren Hinweis. Die Wände der Reste des Traktes Georgs II. mit dem historistischen hölzernen Laufgang als oberem Abschluss zeigen auf einem Bild zum Beispiel üppigen Bewuchs von wildem Wein, der erst nach den Abrissen Ludwig Schramms angepflanzt werden konnte. Schedler: „Auch das ist ein deutlicher Hinweis auf die schon rund 30 Jahre zurückliegenden Baumaßnahmen. In dieser Zeit hätte der Wein genügend Zeit gehabt, sich so prächtig zu entwickeln. Der Innenhof war gartenartig angelegt mit einem Bauerngarten auf der Südseite der Schlosskapelle.“ Die Schlosskapelle St. Georg zeigt im Innern eine reiche Ausstattung mit einem neuromanischen Hochaltar. Schedler hat die Ausstattung wieder erkannt und kann sie zuordnen: Die Figuren des

Georg von Frundsberg wurde 1473 auf der Mindelburg geboren.

Hochaltars von Ferdinand Preckle (1857) befinden sich derzeit im kirchlichen Kunstdepot im Jesuitenkolleg. Die im Sinne des 19. Jahrhunderts überfasste spätgotische Madonna aus der Kaufbeurer Werkstatt des Konrad Köppel (ehemals bei Ivo Strigel in Memmingen) war an der Südwand aufgestellt. Heute ist sie das gestalterische Zentrum der Kapelle über dem Altar. An den Wänden befindet sich beidseitig der hervorragende Kreuzweg von Michael Ziegler aus dem Jahr 1777. Er hängt heute in der Pfarrkirche St. Stephan im Langhaus. Ein großformatiges Ölgemälde an der Nordwand zeigt vermutlich Christus am Ölberg. Die Fassaden der Burg wurden damals offenbar nur sehr gering überarbeitet. Spuren von Erneuerungsarbeiten finden sich auf den Fotos im Bereich des abgebrochenen Westflügels, al-

Der Lüster
Ausladende und prunkvolle Messinglüster, die in vielen Räumen hingen, hatten zumeist echte Wachskerzen.

Das Fell
Wenig typisch für die Mindelburg, aber passend für die Zeit: Reisen nach Afrika waren damals in Mode. Von dort kamen Jagdtrophäen nach Europa.

Der Saal mit den auffälligen Lüstern diente wohl als Arbeitszimmer. Darauf lassen die Bücher auf den Tischen schließen.

Der Kaiser kommt: Markus Lutzenberger mimte Maximilian I. beim Mindelheimer Frundsbergfest im Jahr 2018.

so des neuen spitzbogigen Eingangs mit dem hölzernen Laufgang darüber. Neu verputzt und getüncht wurde vermutlich das Benefiziatenhaus, das mit zusätzlichen neuen Fensterläden versehen wurde. Die restlichen Fassaden der Hauptburg zeigen laut Schedler Verputze mit eindeutigen Altersspuren. Lediglich das große Satteldach wurde erneuert, dazu kamen die kleinen nördlichen Ecktürmchen und ein kleiner Aufsatz auf der Spitze des Nordgiebels hinzu. Schedler hat auch entdeckt: „Neu ist auch ein hölzerner Balkon auf der Ostseite." Heute ist er wieder zurückgebaut. Genauso spannend wie die

zwölf Außenansichten ist der Blick in die Burg. Insgesamt erfasst das Album rund 15 Innenräume: Dazu gehört das von Ludwig Schramm neu errichtete Treppenhaus mit historisierender Landsknechtsfigur und einem Laternenhalter. Es gibt zwei Fotos vom Jagdzimmer mit Kassettendecke. Weitere Bilder lassen im gewölbten Speisesaal mit einem gemalten Reichsadler an der Wölbung die noch heute im neuen Treppenhaus vorhandene Statue Georg von Frundsbergs erkennen. Ferner finden sich auf Bildern ein prunkvoller Kachelofen, Waffen, Geweihe, prunkvolle Messinglüster, eine Böller-Kanone, eine Rüstung und viele Möbelstücke. Auffallend sind auch die Vertäfelungen sowie ein Raum mit aufwändiger Kassettendecke und einem der beiden Wandreliefs aus dem sogenannten Abt-Haus in der Bahnhofstraße, die im Jahr 2017 für die Mindelheimer Museen gesichert wurden. Alle Räume zeigen eine im besten Sinne üppige, rein historistische Ausstattung, die mit sehr hohem Aufwand dem ästhetischen Empfinden der Zeit entsprechend angefertigt wurde.

Kaiser Maximilian und Mindelheim

Dauergast in Mindelheim und auf der Mindelburg war Kaiser Maximilian I. Er musste nicht nur fast ununterbrochen Krieg führen, sondern war im ganzen Reich rastlos unterwegs. Kulturamtsleiter Christian Schedler hatte sämtliche verfügbaren Unterlagen über die Aktivitäten des Herrschers durchgesehen und festgestellt: 24 Mal war der große Kaiser in Mindelheim und auf dem Schloss St. Georgenberg, der heutigen Mindelburg. Er brachte den Glanz des Hofes mit Hofstaat, Diplomaten und Musikern mit in die Stadt. Von hier aus wurde während dieser Besuche das riesige Heilige Römische Reich Deutscher Nation regiert. Die Stadt Mindelheim nahm den 500. Todestag zum Anlass für einen Festakt im Stadttheater.

ORTSREGISTER

BILDER-
GESCHICHTEN

BILDER-
GESCHICHTEN

Maximilian Ulrich Czysz [gesprochen Tschech], Jahrgang 1975, Vater von zwei Kindern, ist Redakteur der Augsburger Allgemeinen Zeitung. Er gewann 2005 mit Kollegen den zweiten Preis beim „Bundes-Wahl-Award" der Bundeszentrale für politische Bildung. 2016 erhielt er den renommierten Konrad-Adenauer-Preis für eine Zeitungsserie über eine geheime Düsenjäger-Fabrik im Wald bei Zusmarshausen. Hieraus entstand die Dokumentation „Wunderwaffen im Wald". Auf eine Initiative von Czysz entstand 2018 ein Gedenkweg, der an das Waldwerk Kuno und das Unrecht vor der eigenen Haustüre erinnert. Von Czysz stammt auch die Kriminalgeschichten-sammlung „Mordsgeschichten – die kleinen und großen Sünden unserer Vorfahren", die 2018 erschien. 2019 wurde eine weitere Zeitungsserie von Czysz beim Deutschen Lokalsport-Preis ausgezeichnet.